Wieland Elfferding

Der Berggeher

Österreichischer Jagd- und Fischerei-Verlag

Der Berggeher

Aus einem Bergführerleben

Erzählt von
Wieland Elfferding

Österreichischer Jagd- und Fischerei-Verlag

Der Autor, Jahrgang 1950, lebt als Lehrer und Publizist in Berlin und Bayern. Er ist regelmäßig auf einsamen Routen in den Bergen unterwegs. Diese Leidenschaft teilt er mit seiner Frau Anke Bünz-Elfferding, mit der er das Buch „Die Alpen-Sherpas. Geschichten vom Hüttentragen im oberen Iseltal“ verfasste.

Titelfoto: Anke Bünz-Elfferding

Lektorat, Layout, Leitung Produktion: Michael Sternath

Anuthaphew onnemmoun
tains :: buttsum howthe
same :: laiketit

Verlagsassistenz und Sekretariat: Angela Pleyel

Gesamtherstellung: Druckerei Ferdinand Berger & Söhne, Horn

ISBN 978-3-85208-092-5

Inhalt

Das Wetter

Wenn es dazu gekommen wäre, hätte er Mathematik, Geologie und vielleicht Meteorologie studiert. Die Eltern hätten ihn allerdings eher an die Kirche zum Theologiestudium gegeben. Doch das wollte er nicht. Heute sitzt er fünfundsiebzigjährig allein in der Kuchl. Die hat drei Fenster zur Welt: eines talauswärts, eines zum Berg und der Fernseher. Anders als in der Stadt nimmt der Fernseher nicht eine Wand ein, gar noch einen Sessel gegenüber platziert für längere Filmabende. Im Gegenteil, der Kasten steht ihm halb im Rücken, wenn er, wie immer schon, an seinem Platz am wachstuchbedeckten Küchentisch sitzt.

Geradeaus geht der Blick die steile Bergflanke hinauf, wo vor Jahren ein Felssturz die obersten Häuser bedrohte. Nach Osten fällt der Blick talauswärts auf den nach rechts unten in die Schluchtenge herabziehenden Bergrücken, der das Tal ungerecht in zwei Hälften teilt, einen der übrigen Welt freundlich zugewandten und einen bergseitigen, von jener eher abgeschnittenen. Auf diesem Bergrücken kennt der Geher jeden Meterbreit, ist ihn allein oder mit Gästen vielmal hinauf- und heruntergestiegen, er weiß um die Kluft, die sich mittendrin plötzlich auftut und deren Tiefe sie schon als Kinder mit hinabgeworfnen Steinen ausloten wollten. Auch ist er immer wieder die seitwärts liegende steile Rinne im Winter, da sich hier niemand blicken lässt, bei völliger Vereisung, mit Steigeisen gegangen.

Bei einem dieser Blicke aus dem ostseitigen Fenster entdeckte der Lawinenbeauftragte vor Jahren die Schneemassen über der Straße, wo sie den Bergrücken mit einem Tunnel durchstößt. Was, wenn der Schulbus die

Stelle gerade unten passiert, wenn sich die Massen in Bewegung setzen? Ein Anruf beim Bürgermeister genügte, um die Gefahr abzuwenden. Von den Küchenfenstern aus erschließt sich bereits ein großes Stück Welt, der Parkplatz und das Gemeindeamt, wo die Einheimischen ihre Belange regeln und die Gäste um ein Quartier nachfragen, sind gut einzusehen. Es ist eine Entscheidung, den Platz in der Kuchl zu wahren oder sich hinauszusetzen auf die Bank vor dem Haus, wo der Beobachtende auch von den Beobachteten gesehen werden kann. Auch eine Entscheidung nach dem Wetter, denn draußen verkühlt man sich schnell, wenn ein kalter Wind aus den Bergen herabweht, und Krankheit dieser Art kann sich ein Bergführer in der kurzen Saison nicht leisten.

In Griffnähe auf dem Fensterbrett rechterhand liegt, unter Zeitungen, Briefen und dem Fernglas, eine Reihe von bunten großformatigen Heften, die der Geher mindestens einmal am Tag in die Hand nimmt. Hier trägt er seit Jahrzehnten seine Wetterbeobachtungen ein. Die älteren liegen in einem Schrank, nach Jahren geordnet. Der Erfolg hängt im Bergführerberuf mehr als in vielen anderen vom Wetter ab. Die Kunst des Bergführens besteht zwar auch darin, aus fast jedem Wetter etwas machen zu können, aber eben nur fast. Und im Ernstfall kann von der richtigen Wetterprognose das Leben abhängen. Wer in leichtem Gelände vom Gewitterguss erwischt wird, durchnässt vielleicht bis auf die Haut und riskiert eine Erkältung. Auf dem Gipfel eines Dreitausenders, womöglich mit magnethaltigem Gestein, kann man nicht schnell einmal fliehen und Zuflucht suchen, da droht höchste Gefahr von Blitz- und Hagelschlag.

Nach dem Frühstück bei der letzten Tasse Tee werden die Beobachtungen eingetragen, die der erste frühe Rundgang ums Haus ergibt: Temperatur, Feuchtigkeit,

Wolkenzug und -dichte. Die Aufzeichnungen haben nichts Poetisches, sie halten nur ein paar Tatsachen fest. Und doch ist auf diese Weise ein Stück lokale Klimageschichte entstanden. Mitunter müssen alte Hefte zu Rate gezogen werden. Die Erinnerung täuscht ja. In den Wetternachrichten ist es üblich geworden, Superlative zu verkünden: Der heißeste Sommer seit dem Jahr 1910, der kälteste März seit soundso.

Der Geher gibt nicht viel auf die modischen Wetterberichte mit all ihrem leutseligen Schnickschnack. Er schlägt einfach nach, was er vor Jahren eintrug. Viele Jahrzehnte Wetterbeobachtung in einem Tal machen Wolken, Wind, Temperatur und Luftfeuchtigkeit zu einem aufgeschlagenen Buch, in dem gelesen und aus dem vorhergesagt werden kann. Meistens stimmt es, und doch behandelt der Berggeher das Wetter nicht als etwas, das ihn nicht mehr überraschen kann. Jede kleine Besonderheit wird registriert, jede Abweichung vom Erwarteten ist der staunenden Bemerkung wert, gleich wie Veränderungen im Gelände, das doch so gut bekannt ist und in dem gerade deswegen das Neue sorgfältig in die unsichtbare Landkarte der Erfahrung eingetragen wird.

Das Wetter ist ihm pure Naturgewalt, seine Herabwürdigung und Verharmlosung als Element des von den Medien gefeierten Erlebniskults sind ihm ein Gräuel. Wer bei heranziehendem Gewitter auf einer Hochtour das Laufen anfängt, bekommt die Belehrung zu hören, vor dem Gewitter könne man nicht davonlaufen, das habe sowieso keinen Sinn. Eher würde man sich überhasten und noch die Knochen brechen, um so dem Unwetter noch mehr ausgeliefert zu sein. Angst vor dem Gewitter? Nein, aber Respekt wohl. Sitzt man mit dem Berggeher auf einem hohen Berg und die Luft ist schwül, die Wolken in einiger Entfernung nehmen schon jene falschen Farben an, dann kann man ihn sagen hören, er werde jetzt nicht mehr lange verweilen und eine tiefere Stelle anstreben.

Der Blitz hat ihn mehr als einmal in Jahrzehnten am Berg erwischt und zu Boden geworfen. Einmal, am Großglockner, so schwer, dass er lange bewusstlos war und um sein Leben zu fürchten war. Seitdem plagt ihn eine besondere, mitunter jedoch nützliche Empfindlichkeit, die ihn die Nähe des heraufziehenden Gewitters durch ein Ziehen an den Haaren an der Schädelseite spüren lässt, da andere weit und breit davon noch nichts wahrnehmen. Mit den Jahren wird der Körper durchlässiger für die umgebende Natur, setzt ihren Wirkungen weniger Widerstand entgegen als in jüngeren Jahren: der niedrige Luftdruck in der Höhe bei Übernachtungen in Berghütten extremer Lage, die trockene Kälte in Herbst und Winter, die Steine und die harten Wege, welche den Knochen zusetzen.

Das Wetter ist ein Teil der durchwanderten Landschaft. So ist diese keineswegs immer dieselbe, auch wenn dieselbe Route beschritten wird. Wer spürt denn die Schneebeschaffenheit als Erster, wenn nicht derjenige, der vorangeht und spurt? Er weiß nach wenigen Metern, wie sich der Tag gestalten wird, ob die Gäste die geplante Tour überhaupt werden bewältigen können. Ein Gelände, das in klarer Herbstluft und bei Sonne das Herz aufgehen lässt und zum Verweilen auffordert, stellt bei plötzlich einfallendem Nebel die Frage, wie man wieder hinaus- und heimwärts gelangt.

Für den Blick des Gehers stellt sich die Landschaft wie eine Person dar, der man ansieht, wie es ihr geht und wie es mit ihr weitergehen wird. Wenn der Oktoberschnee zu mager ist und durch milde Winter nicht liegen bleibt, schmilzt der spätere Schnee bald weg, und die Gletscher sind im Sommer früher aper. Manche Touren werden dann im August aus dem Programm der Bergführer gestrichen, weil sie mit dem Normalbergsteiger nicht mehr zu begehen sind. Die Übergänge vom Eis auf den Fels werden zu extremen und riskanten Unternehmungen. Gletscherpassagen, die jahrelang selbstverständlich und wie im Schlaf begangen wurden, können nur mit höchster Aufmerksamkeit auf die Steine, die herabzustürzen drohen, überwunden werden. Bei der Rückkehr ins Tal gilt an warmen Tagen der Blick dem Gebirgsbach, der nicht nur wenige Zentimeter angeschwollen ist. Die Bemerkung, da flössen die Gletscher dahin, ist obligatorisch. Mitunter muss die heimwärtige Route mit Bedacht gewählt werden, weil ein Bach, der am Morgen leicht zu überspringen war, am Nachmittag nur noch mit Mühe durchwatet werden kann.

Der Geher hat sechzig Jahre Wetter und Gebirge in seinem Festspeicher. Grüne Phrasen über Gletscherschmelze und Permafrost machen ihn ärgerlich. Mitunter lässt er hören, er halte das Ozonloch für eine Erfindung der Sonnenmilchindustrie. Als seien früher keine Felsen herabgestürzt, als habe es nicht schon immer Muren gegeben und Lawinen, die Haus und Hof bedrohten. Die Veränderungen braucht man ihm nicht unter die Nase zu reiben, er kennt sie. Er hängt aber eher einem zyklischen Weltbild an. Mit dem Vater hat er in den Jahren nach dem Krieg nicht weit unterm Gletscher große Baumstümpfe ausgegraben, zerhackt und auf die höher gelegene Schutzhütte getragen, weil Brennholz rar war. So scherzt er zu Zeiten über die Dattelpalmenplantagen und Weinberge, die demnächst dort oben angelegt werden würden. Schade, dass wir die Zeiten nicht mehr erleben werden, wenn diese wieder vom Eis verschluckt werden, so der Geher.

Das Wetter spitzt eine Landschaft zu. Von der steilen, aus dem Tal weithin sichtbaren Spitze kommt jeden

Winter die „Lane“, wie die Einheimischen sie nennen. Einmal kommt sie mit großer Wucht und richtet Schaden an, ein anderes Mal ist sie gnädig. Die Menschen erinnern sich an den Felssturz am selben Ort, der vor Jahren Millionen von Kubikmetern Gestein herabschickte. Tagelang stand der Gesteinsstaub wie eine Rauchwolke über dem Gipfel. Einige der Almhäuser gut siebenhundert Meter unter dem Gipfel wurden beschädigt, drei Kreuze machten die Menschen, dass keiner zermalmt wurde. Da kann, sagt der Geher, wieder einmal etwas herunterkommen. Die Spitze gibt keine Ruhe.

Es ist nicht mehr üblich über die Geografie einer Landschaft zu sprechen. In einer Zeit, da der Mensch sich mit den digitalen Sinnen überall gleichzeitig auf dem Globus zu befinden scheint, meinen viele, sie hätten sich von den Erdbedingungen des Lebens losgelöst. Vielleicht wirkt auch nach, dass in der Nazi-Ideologie die Rede vom Raum missbraucht wurde für Eroberungspläne. Da bricht immer noch ein Tabu, wer an die Raumbedingungen des Lebens erinnert. In den Bergen vergisst man diese Bedingungen nicht so leicht. Der Geher lebt in einem West-Ost-Tal. Während die Bewohner eines Nord-Süd-Tales im Winter um die Mittagszeit die Sonne sehen, wenn sie scheint, gelangt an das Haus des Bergführers vom November bis in den Februar hinein kein Sonnenstrahl. Der Fluss, dessen Wasser letztlich ins Schwarze Meer fließt, teilt das Gebirge in die Nordseite mit ihren vergletscherten Dreitausendern und die Südseite mit einem eigenen Gebirge, knapp über dreitausend Meter aufragend, teils dunkel und wild, abweisend und weniger besucht.

Beide Talseiten sind touristisch bestens erschlossen. Im Norden ist der Magnet die „weltalte Majestät“, wie sie der Erstbesteiger Mitte des 19. Jahrhunderts nannte, eine fast 3.700 Meter aufragende Pyramide mit einem viele Meter dicken Eispanzer. Von diesem Berg lebt das Tal, seit es Bergtourismus gibt. Beide Talseiten sind mit Schutzhütten ausgestattet wie kaum eine andere Alpengegend. Höhenwege erlauben es auch Wanderern, die ausgedehnten Gebirgsstöcke zu durchschreiten. Die hohen Berge im Norden halten so manches Wetter vom Atlantik und von der Nordsee ab, sie schicken aber auch einmal kalte Winde, die den Geher von seiner Bank vorm Haus vertreiben. Im Westen zieht sich das Tal, immer enger werdend, bis zu dem Gletscher hinauf, aus dem sich der Fluss speist. Hier stehen die beiden großen Berge, niedriger wohl als die „weltalte Majestät", aber viel schwerer zu erreichen und echte alpinistische Herausforderungen.

Die Hänge in diesem äußersten westlichen Teil des Tales sind extrem steil. Sie schicken im Winter nach mehr als einem halben Meter Neuschnee immer Lawinen. Manchmal entsteht eine Riesenlawine, die am Gegenhang hinaufschießt und das Tal zeitweilig abschließt. Der Bach staut, findet er keinen Abfluss durch die Lawine, innerhalb kürzester Zeit einen gewaltigen See auf und bedroht die Häuser weiter unten. In diesen Zeiten, vornehmlich im Frühjahr, arbeitet sich der Lawinenbeauftragte, wenn es das Wetter erlaubt, immer wieder hier herauf, um die Lage zu begutachten. Mitunter muss der Hubschrauber ins Tal hineinfliegen, ihn aufnehmen und seine Kreise über der unwirtlichen Gegend ziehen.

So tragen die Landschaften ihr Wettermal, sie sind mit der Schrift des Extremen beschrieben und verlieren diese Markierung nie ganz. Das gilt für die Schönheit ebenso wie für Gefahr und drohende Katastrophe. Manche Wetterkleider der Landschaft tauchen nur alle zehn, zwanzig Jahre auf. Einmal kommt man im Herbst herauf unter die großen Gipfel, und an der Waldgrenze bieten die Lärchen ein einmaliges, mitunter nur für einen Tag zu besichtigendes Bild. Als seien die im Herbst sonnenblumengelben Nadeln durch Kristalle ersetzt, stechen feine weiße Strahlen dicht an dicht von den Zweigen in die Sonne, funkeln, so dass es das Auge nicht lange aushält. Der Nebel hat die Bäume verkleidet und in einen weißen Zauber getaucht, der gegen Mittag vorüber ist, wenn die Sonne vor dem Winter noch einmal alle ihre Kraft zusammennimmt.

* * *

Die Mutter hatte dasselbe markante Kinn, das auf einen unbeugsamen Willen schließen ließ. Die junge Frau, die einmal in einer Seilschaft des Gehers auftauchte, kam dann häufiger ins Haus. Sie hatten weitere Gänge in die Berge verabredet. Sie studierte in der großen Stadt und würde auch sonst einen anderen Glanz ins Haus bringen. Es war aber die Zeit, da Mütter einfach sagen konnten: Die kommt mir nicht ins Haus. So war das.

Eine Begegnung

Der Geher kam mit seinen Gästen vom Gipfel eines der umliegenden Dreitausender. Ihre Sinne waren noch ganz erfüllt von den Eindrücken, die in den vergangenen zwei Stunden auf sie eingeströmt waren. Was für ein Glück, dass sie überhaupt hatten gehen können. Eine Frau aus der Seilschaft hatte sich gleich am ersten Tourentag verletzt. Es schien aber doch zu gehen, sie waren nun den dritten Tag unterwegs. Der Steilaufschwung unterm Gipfel war vereist, sie mussten lernen, die Steigeisen so zu setzen, dass diese in dem unangenehmen Gemisch aus Eis, kleinen Steinen und von oben herabrinnendem Schmelzwasser griffen und sie nach oben trugen. Nach dieser Passage, wieder im Firn, standen sie urplötzlich im Nebel, es wurde so kalt, dass alle die Kapuzen über den Kopf zogen und festschnallten, die Walkhandschuhe aus dem Rucksack holten. Der Wind drückte sie fast wieder den Hang hinab. War es mit dem guten Wetter vorbei? Umkehren? Der Bergführer schien solche Wackelgedanken gar nicht zuzulassen. Hatte er vorhergesehen, was wenige Minuten später geschehen würde? Denn kurz vorm Gipfelkreuz riss der Himmel ebenso plötzlich, wie er sich verfinstert hatte, wieder auf, und der Umblick in die Tiefe und Weite hätte ihnen fast die Augen, wenn nicht das Herz herausgerissen. Manch einer gestand abends auf der Hütte, die eine oder andere Träne verdrückt zu haben. Vielleicht war sie auch nur dem eiskalten Wind geschuldet.

Nach diesem Wechselbad der Gefühle also kamen sie unterm Gipfelaufbau wieder ins Flache und zogen südlich in Richtung eines Nachbargipfels, um dort, was die Gäste noch nicht ahnten, eine spektakuläre Fundstelle schöner Strahlsteine zu besichtigen. Da näherten sich von links zwei, ein junges Paar, sie voran, am Seil, gewiss sieben, acht Meter lang, hintendrein er mit flottem Rangerhut. Auf dem Hintern klirrten um die zwei Kilo Eisen, wie's üblich ist, am Karabiner gebündelt. Wo es denn hier zum Gipfel gehe, rief er herüber. Und, schon näher dran, ob der Führer die Gäste nicht ein wenig zu kurz ans Seil genommen habe. Jener gab, mit der nötigen Achtung gebietenden Verzögerung, zurück, was er denn hier zu suchen habe, wenn er den Weg nicht kenne. So zogen sie weiter, und die anderen wohl auch, allerdings ohne den Gipfel erreicht zu haben.

Da wussten die Gäste noch nicht, dass die kurze Begegnung ein Nachspiel auf der Hütte haben sollte. Sie saßen nach großer Tour beim Abendessen, als der junge Mann, schlank, offenes Gesicht, an ihren Tisch trat, fragte, ob sie sich wohl setzen dürften, – und schon saßen sie, noch bevor sich jemand zu einer zustimmenden oder abschlägigen Antwort durchgerungen hatte. Nun einmal ehrlich, an denjenigen gewandt, den sie schon tags als Bergführer erkannt hatten, inwiefern sie denn falsch gegangen seien. Der Geher brauchte für die Antwort, die dann auch endgültig war, einen Moment, als müsste er zuvor tief Luft holen oder aus der Ungläubigkeit aufwachen, dass der Mensch es wagte, ihn noch einmal anzusprechen. Ja, was er sich denn einbilden würde. Wie er überhaupt seine Freundin an ein fast zehn Meter langes Seil nehmen könne in dem Gelände, und dann noch fragen, ihn, den Bergführer. Solche Leute wie ihn habe er mehr als einmal irgendwo herausholen müssen.

Damit war das Gespräch für den Geher beendet. Irgendwie stieg am Tisch eine gewisse Peinlichkeit auf, welche eine der Frauen alsbald durch die Fortführung des Gesprächs mit den beiden Führerlosen zu überbrücken suchte. Wo sie denn sonst gehen würden? Sie würden die Alpinliteratur studieren. – So, interessant. Ganz bestimmt begriffen die Gäste an diesem Abend nicht, dass sie einen ganzen Epochenumschwung der Geschichte des Alpinismus berührt hatten: von der Führerepoche zu den Führerlosen. Eher kam ihnen vor, dass ein Bergführer in seinem Berufsalltag womöglich ein wenig unflexibel und wunderlich wird. Es brauchte Jahre, damit sie den Hintergrund verstehen lernten. Hatten sie doch selbst die Vorstellung, einen Bergführer zu nehmen, sei eine Zwischenphase, die sie früher oder später auch dahin brächte, dass sie die größere Zahl der Hochtouren allein würden unternehmen können. Die geführte Tour als eine Art Führerschein, der dann zur freien Bergfahrt berechtigte.

Aus irgendwelchen Gründen haben sie diesen Schritt nicht, wie andere, befreundete Berggeher, vollzogen. Vielleicht hängt das nicht zuletzt damit zusammen, dass sie der Bergführer nicht nur auf eine große Anzahl von erhabenen Orten geführt hat, welche Überblick verschaffen, sondern dass er sie auch das Panorama des alltäglichen alpinistischen Wahnsinns hat schauen lassen: die Typen, die ihren Rucksack mit nicht viel mehr als einem Haufen Geltungssucht gefüllt haben; die „Nordwandgesichter", die frühmorgens in ihr Brot beißen, als gelte es, den letzten Haken einzuschlagen; die Turnschuhtouristen, die mit kurzer Hose den Gletscher betreten; Familienväter, die Meilen vor ihrer Frau und ihren Kindern daherspazieren; Handybesitzer, welche die Nummer der Rettung bereits eingespeichert haben, wenn sie losgehen.

Vielleicht hat das aber auch mit einer Art altmodischer Moral zu tun, die schwer zu erklären ist. Wenn wir jemanden besuchen, warten wir, bis der Hausherr oder die Hausherrin vorangeht und uns einlädt, den einen oder anderen Bereich ihres Domizils zu betreten. Auf irgendeine Weise empfinden jene Gäste den Eintritt ins Gebirge ähnlich. Sie spüren, selbst wenn sie bereits das zwanzigste Mal in dasselbe Tal kommen, dass sie hier nicht zu Hause sind und dass es einem Einheimischen geziemt, ihnen seine Welt zu zeigen, sie zu den Schönheiten zu führen und an den Fährnissen vorbeizuschiffen. Sicherlich ein antiquiertes Gefühl in einer Zeit, da der grüne Grundsatz, dass die Erde allen gehöre, dahingehend interpretiert wird, dass jeder gleichermaßen überall seinen breiten Fuß hinzusetzen berechtigt ist.

Der Bergführer vermittelt jedem sehr bald das Gefühl, dass er in seinen Bergen nicht nur zu Hause, sondern auch so etwas wie ein Hausherr ist. Ein Hausherr allerdings, der diese Rolle nur spielen kann, weil ihm in Fleisch und Blut übergegangen ist, was viele Gäste nicht einmal entfernt zu denken vermögen: Die Furcht vor den umgebenden Gewalten in eine Ehrfurcht umzuwandeln, die als Grundstimmung alle Wege begleitet. Manch rauer Ton, manche harsche Bemerkung, an der ein Gast wohl einige Augenblicke schlucken mag, markiert diese Grenze, die der Fremde unachtsam überschreitet. Wer hält schon im Bewusstsein, dass dies dieselbe Grenze ist, die zwischen Leben und Tod gezogen ist. Diese Grenze verläuft allerdings hier in den Bergen anders als in der städtischen Welt, aus der die Gäste kommen.

* * *

Wie oft ist der Geher weitergegangen, auch wenn er müde war. Wie kann er eigene Schmerzen zeigen, wenn ein Gast über Schmerzen und Schwäche klagt und es gilt, ihn davon zu überzeugen, dass es weitergeht? Wo bleibt die andere Hälfte des Bergführers? Wenn alle

Gäste gegangen sind, hält sein Körper Zwiesprache mit dem Berggeher. Aber, sagte einmal ein Gast, es gibt doch jene neunzigjährigen Bergführer aus dem Mattertal, die zur Krönung ihres Lebens ein letztes Mal aufs weltberühmte Horn gehen. Ha, erwidert der Geher nicht ohne einen Zug der Bitterkeit, ob die wohl je ein Kilogramm auf eine Kraxe aufgelegt hätten?

Vom Führen

Es war im Sommer des Jahres 1952. Eine Ahnung, wo der große Berg liegt, hatte er schon, aber dagewesen war er noch nie. Die alten Bergführer des Ortes jedoch trauten dem Siebzehnjährigen eine Führung auf den anspruchsvollsten Gipfel im Umkreis zu. Eine Postkarte haben sie ihm in die Hand gedrückt, das sollte als Orientierung genügen. Die große Hütte weit hinten im Tal stellte vor der Lawinenkatastrophe, die sie wenige Jahre darauf wegriss, einen komfortablen Stützpunkt dar. Dort warteten die Gäste auf ihn.

Der jugendliche Geher wusste: Zuerst einmal musste man hinunter auf den Gletscher, der damals noch um ein Mehrfaches mächtiger war als heute, und dann ging es zunächst auf der Seitenmoräne hinauf. Da ist bei frischen Morgentemperaturen gleich einer der Gäste ausgerutscht und hinuntergestürzt in die Steine, die da zu Hauf lagen, als hätte sie der Gletscher mit ihren scharfen Spitzen und Kanten extra zu diesem Zweck abgelegt. Jedenfalls hat sich der Gast gleich auf den ersten Metern der großen Tour den Kopf blutig geschlagen. Da war erst einmal Verbinden und Verpflastern angesagt, bis es schließlich weitergehen konnte.

Wie die Stimmung der anderen war, kann man sich leicht vorstellen. Da war der junge Bursch vor eine der wichtigsten Aufgaben eines Bergführers gestellt, die er zu lernen doch noch keine Zeit gehabt hatte: die Gäste bei Laune zu halten, wenn es schwierig wird. Es muss ihm ganz gut gelungen sein, denn schließlich sind sie oben angekommen auf dem Berg, der für sein weiteres Leben eine so bestimmende Rolle spielen sollte.

In einem solchen Tal wird niemand als Bergführer geboren. In einer kleinen Landwirtschaft, die kaum für den Eigenbedarf reichte, machten die Kinder alle Stationen des Bergbauernlebens durch: Almbetrieb und Viehhüten, Tragedienste, Ausbesserungsarbeiten an Haus und Hof. Der Bergführerberuf mag sich als Möglichkeit angeboten haben, wenn das Berggehen eh zum Leben dazugehört: Steineklauben, Trägerei für den Almbetrieb und für den Tourismus (Hüttenbau und Hüttenversorgung). Allerdings, sich aus den Zwängen des Arbeitsalltags herauszuwinden und mit dem Bergführerberuf ernstzumachen, dazu gehörte schon außergewöhnliche Begeisterung und ein fester Wille.

Zumal die Einheimischen die Bergführer damals mit einer gewissen Skepsis ansahen. Bergführer – ist das überhaupt ein richtiger Beruf? Viele hatten ja auch einen „richtigen" Beruf, waren Hüttenwirte oder gelernte Tischler. Und zudem – konnten die Einheimischen nicht selbständig auf all die Berge gehen, auf welche die Führer die Gäste hinauf geleiteten? Der Bergführerberuf hat es bis heute schwer, sich als eigenständiger Beruf zu rechtfertigen. Bis in die fünfziger Jahre des 20. Jahrhunderts hinein machten die Hüttenwirte den ausgebildeten Führern immer wieder Gäste streitig. Noch bevor diese auf der Hütte anlangten, waren sie schon mit einer Seilschaft über den Gletscher losgezogen. Nicht zuletzt deswegen haben die Bergführer ihren Treffpunkt mit den Gästen ins Tal verlagert, wo diese sich zu einer Führung schön ordentlich im Büro anmelden.

Die Einheimischen gehen meist ohne Führer. Sie kennen sich ja aus, gehen selbst seit ihrer Kindheit in die Berge, brauchen demnach keine Führung. Melden sich einmal welche beim Bergführer an, weil sie sich den großen weißen Berg doch nicht allein zutrauen, so geht es gleich mit der Frage los, ob man denn wirklich

Steigeisen mitnehmen müsse. Auch in anderer Hinsicht steht der Bergführerberuf in Spannung zu seiner Umgebung. Er wächst aus einer bäuerlichen Umgebung heraus, vielfach haben die Führer selbst noch eine Landwirtschaft. Aber was die Wege angeht, so zeigen die Bauern mitunter wenig Verständnis dafür, dass der Führer mit seinen Gästen die Wiesen-, Wald- und Almregion durchqueren muss, um zu den Gipfeln zu gelangen. Immer wieder kommt es vor, dass Durchgänge mit Stacheldraht verschlossen werden, als ob Vieh und Massentourismus nicht zueinander passen würden.

Was manche Einheimische auch nie so richtig begreifen werden, ist, dass es eine ganz andere Sache ist, einen Menschen auf einen Berg zu führen als diesen selbst zu besteigen. Sie wollen die besondere Kunst darin nicht zugeben, weil das Berggehen für sie eh selbstverständlich ist. Ein Einheimischer würde so wenig an all das denken, was einem Gast beim Gehen erklärt werden muss, wie ein Versicherungsmathematiker die Nöte eines Lehrers ermisst, der Schülern die Wahrscheinlichkeitsrechnung beibringen will. Das beginnt mit der Schwierigkeit, an die niemand denkt, dass die meisten zuerst einmal das Gehen lernen müssten. Der Bergführer zwingt sich zu einem gastgemäßen Tempo und legt Pausen ein, wo routinierte Geher einfach weitermachen würden. Beachtet er Stärken und Schwächen der Gäste nicht, kann es ihm geschehen, dass das Ziel nie erreicht wird und die Enttäuschung ihm zugerechnet wird.

Die Nagelprobe auf die Fähigkeiten eines Profis wird in Krisenlagen gemacht. Was tut der Führer, wenn einer nicht weiterkann? Ist er befähigt zu erkennen, ob die Probleme des Gastes eher physisch oder eher psychisch bedingt sind – oder beides? Wie kann er auf ihn einwirken und eine Situation herstellen, in der es weitergeht – für ihn als Bergführer und für die anderen, die schon unruhig werden, weil sie auf der Stelle treten? Woran erkennt er überhaupt, was einem Gast zuzutrauen ist? Wie legt er die Route an, damit die Gäste sich beweisen und steigern können, ohne über- oder unterfordert zu sein? Eine Tour hat, wie ein Theaterstück, eine Dramaturgie, verlangt Höhepunkte und Entspannungsphasen, damit das gewünschte Erlebnis möglich wird, damit Überraschungen eintreten können.

All dies muss der Führer, über die selbstverständliche genaueste Ortskenntnis hinaus, berücksichtigen, will er erfolgreich sein. Führer wie der Geher verfügen über weitere Fähigkeiten, die vielen Kollegen abgehen. Er verhilft seinen Gästen nicht nur zu einem Gipfelerlebnis, sondern führt sie in eine Welt ein, die ihnen fremd ist und ohne sein Zutun verborgen bliebe. Da tun sich am Wegesrand gute Wasserquellen auf, welche die Gäste übersehen hätten. Sie unterscheiden sich durch hier vorkommende Pflanzen, durch ihre Lage und durch Erfahrung von schlechteren und nicht zu empfehlenden Quellen. Interessante Steine und ihre Fundorte, Pflanzen, ihre Namen und ihre Verwendung, ihre Saison und ihre Verbreitung in verschiedenen Jahren reichern den Weg an. So nimmt die durchschrittene Landschaft Gestalt an und erhält Einmaligkeit. Geschichten von früheren Besteigungen und besonderen Vorkommnissen, glücklichen wie dramatischen, geben den Wegen Tiefe und der Landschaft einen unsichtbaren Hintergrund. Wege werden wie Texte, die immer wieder und immer wieder neu zu lesen sind.

Der Bergführer hat es nicht nur mit lebendigen Gästen zu tun, sondern auch mit einer sich ständig verändernden Natur. Einmal ist er mit einer Seilschaft von noch nicht sehr Erfahrenen zu einem Dreieinhalbtausender unterwegs. Es ist schon später im Sommer, und, bevor es auf den felsdurchsetzten Grat hinaufgeht, an einer steilen Flanke, die noch Wochen vorher von Schnee bedeckt war, schaut das blanke Eis hervor. Nur fest alle Zacken der Steigeisen einsetzen, heißt es, nicht kanten. Und schon saust eine der Frauen einige Meter hinab. Während sie auspendelt, spüren die Seilpartner vor und hinter ihr den gewaltigen Zug am Brustgeschirr.

Alles ging gut, doch nach ausführlicher Gipfelrast ließ der Geher die Bemerkung fallen, sie würden nicht denselben Rückweg nehmen. Er werde versuchen, um zum Ausgangspunkt zurückzugelangen, den großen Gletscher zu queren, der allerdings sehr spaltenreich sei. Und so geschah es auch. Der Berggeher bewegte sich an der Spitze der Seilschaft, mit höchstmöglicher Konzentration, wie auf Socken. Die Seilzweite hielt, als sie die Spalten dicht unterhalb ihres Kurses sich öffnen sah, die Luft an und schickte den anderen einen bösen Blick nach hinten, als diese, als gingen sie über irgendeinen Boulevard, ihre beiläufigen Gespräche einfach fortsetzen wollten. Als nach einer knappen Dreiviertel Stunde und nach vielen Kehren, die keiner mitgezählt hatte, der Anseilplatz wieder erreicht war, fiel die enorme Spannung von allen ab, – nicht zuletzt vom Geher selbst, der es sich zugetraut haben musste, die Seilschaft wohlbehalten durch jenes Gefahrenlabyrinth zu führen.

Der Bergführer teilt mit dem Privatlehrer das gespannte Verhältnis zu seinen Klienten. Der Geher bezeichnet sie als Gäste. Ein Gast ist, wie gesagt wird, König. Nicht so der geführte Gast. Zwar beauftragt und bezahlt er den Führer, begibt sich jedoch, ist die Tour einmal begonnen, fraglos unter dessen Kommando. Verliert der Bergführer in einer kritischen Phase der Tour, gar bei einer drohenden Katastrophe, seine Autorität, kann es um beide, die am selben Seil hängen, geschehen sein. In dieser Perspektive, immer vom extremen Fall her betrachtet, gibt der Geher zu jeder Zeit zu verstehen, wer das Heft in der Hand hält, wer das Sagen hat am Berg. Solche Autorität will erworben sein, und sie wird nur erworben durch Erfahrung und Erfolg. Nur die geglückte Tour gibt in ihren kritischen Phasen der Entscheidung recht.

Ab zweitausend Metern ist man per Du, so halten es viele. Das mag auch zum Ausdruck bringen, wie sehr alle, ob Führer oder Geführter, am Seil aufeinander angewiesen sind. Es spiegelt aber auch eine Nähe und Gleichheit vor, die mit dem Autoritätsverhältnis in Spannung stehen. Es hat schon Gäste gegeben, die nach getaner Arbeit schier „vergaßen" das Honorar zu bezahlen, weil sie nach allem „Du" und „Berg Heil!" die Arbeit des Führers nur mehr für einen Freundschaftsdienst hielten. Noch komplizierter wird es, wenn der Bergführer, wie der Geher jahrzehntelang, eine Pension betreibt und seine Gäste am Berg auch seine Pensionsgäste sind. Zimmer mit Frühstück zu vermieten, passt wohl in die moderne Allerweltsschublade mit der Aufschrift „Dienstleistung". Zwar boten schon im 19. Jahrhundert die Bergführer in den Alpen den englischen Adligen und Großbürgern ihre Dienste an. Ein Dienst, der jedoch in kritischen Lagen darin besteht, dem Dienstherren Befehle zu erteilen, fügt sich nur schwer dem Wortsinn. Schärfer noch als früher steht das heutige Verständnis von Dienstleistung oder Service im Gegensatz zur Rolle des Bergführers. Wie beim Arzt oder auch beim Lehrer geht es letztlich ums eigene Leben, und Vertrauen als Basis für den Erfolg des Unternehmens lässt sich nicht kaufen wie Schuheputzen oder Haareschneiden.

Es ist der dörflichen Umgebung geschuldet, dass die Missverständnisse um das Verhältnis von Gast und Bergführer eigentümliche Formen annehmen können. Bauernhäuser sind nicht gegen die Außenwelt verschlossen wie Mietshäuser in der Stadt. Die Kühe melden sich, kommen sie zum Melken heim, nicht bei einer Gegensprechanlage an. Städter verwechseln die Offenheit der Häuser leicht mit einer Einladung, das Haus jederzeit und unangemeldet betreten zu dürfen, schon einmal eine Besichtigung auf eigene Faust durchzuführen und herumstehende Gegenstände in die Hand zu nehmen und zu inspizieren. Von Wanderungen, oft von weit oben, mitgebrachte mineralische Fundstücke liegen in dieser Perspektive auf dem Tisch vorm Haus, gleichsam zum Mitnehmen da. Die Serviceleistung scheint, wie in Karikaturen der ersten Tourismus-Erfahrungen mit „Familienanschluss", wie es hieß, aus den 1950er-Jahren, zu einer Art Leibeigenschaft der Dienstleistenden auszuarten.

Der Umgang mit Gästen will gelernt sein, und die Gäste sind halt sehr verschieden. Der Geher verstand es, obwohl er nie eine über die Volksschule hinausgehende formelle Bildung hatte erwerben können, schon in den 1950er- und 1960er-Jahren eine gebildete und auch zahlungskräftige Kundschaft anzuziehen. Es war keine Seltenheit, dass ihn Gäste, mit denen er die heimischen Berge mehrfach durchstreift hatte, in einer Limousine mit Weißwandreifen abholten und nach Pontresina oder ins Ortlergebiet kutschierten, um dort eine mehrtägige Unternehmung zu starten. Auch solche Gäste waren nicht alle sportlich, und es blieb mitunter nicht aus, dass ihre Zahlungsfähigkeit in eine gewisse Spannung zu ihren begrenzten bergsteigerischen Möglichkeiten trat. Eine schwierige Abwägung für den Geher, gut verdientes Geld, die Möglichkeit zu reisen und echte bergsteigerische Erfolge ins richtige Verhältnis zueinander zu setzen.

Jedenfalls ist ihm auf diese Weise gelungen, was nur wenigen Kollegen gelang: über gewiss drei Jahrzehnte eine interessierte und zahlungskräftige Stammkundschaft an sich zu binden, die durch seine Art zu führen zu immer neuen Entdeckungen im Alpenraum angeregt wurde. Das Geheimnis des Erfolgs liegt hier nicht zuletzt in der Fähigkeit des Gehers, durch sein eigenes Interesse, sein über Jahrzehnte erworbenes Wissen um die Geografie, die Geologie und die Geschichte der Alpenregionen, seine Fähigkeit, kompetent und spannend über die durchschrittenen Landschaften zu erzählen, den bürgerlichen Bergtouristen auf gleicher Augenhöhe zu begegnen.

Diese Beziehung Führer-Gast ist in der Geschichte einmalig und gehört mehr oder weniger der Vergangenheit an. Sie schreibt sich vom klassischen Bergtourismus des 19. und 20. Jahrhunderts her, da die Stadtbürger ihre Besuche der Alpen als Entdeckungsreisen begriffen und anlegten. Es war in jenen Verhältnissen klar, dass solche Unternehmungen nicht wie ein Camping durchzuführen waren, sondern dass ein gewisser Stil selbstverständlich und eine angemessene Logistik vonnöten waren – unter Einschluss der einheimischen Führer, denen man sich gern anvertraute. Das war eine Zeit, in der die Bezeichnung „Fremdenverkehr“ nicht als Diskriminierung, sondern als eine Art Lob für den Mut aufgefasst werden konnte, den beide Seiten bei der Konfrontation mit dem Fremden, Landschaft wie Menschen, aufzubringen bereit waren. Stellte sich im Verlaufe mehrerer Aufenthalte eine gewisse Nähe her, mochte die länger halten als heutige Instantverhältnisse bei einem Trip hier- oder dorthin.

Die Gäste der 50er- und 60er-Jahre des vorigen Jahrhunderts sind in die Jahre gekommen. Sofern sie sich überhaupt noch auf ihren eigenen Beinen bewegen können, bleibt es bei Spaziergängen, alpine Unternehmungen liegen in ferner Vergangenheit. Der Geher hat einige Generationen von Gästen an sich vorüberziehen sehen. Mitunter war die Trennung schmerzhaft und abrupt. Es kam vor, dass eingesessene Gäste eifersüchtig auf die nächste Generation wurden, welche die Aufmerksamkeit des Gastgebers beanspruchte, die jenen in früheren Jahren zuteil geworden war. Die Berge bieten keinen Schauplatz für Eifersüchteleien, ein Führer will sich mit derartigen Problemen nicht abgeben.

Der Geher investierte immer wieder auf andere Weise in seine Gäste. Schafft ein wenig trainierter Gast, der vom Schreibtisch weg anreist, die 1.500 Höhenmeter von einer Hütte auf einen großen Berg? Ja, das schafft, wer sich auf eine Woche Trainingsprogramm einlässt, das über ein kurzes touristisches Nippen am Berg hinausgeht. Die achthundert Höhenmeter auf die Alm am ersten Tag scheinen das Ziel in weite Ferne zu rücken, denn am Abend schmerzt so ziemlich alles. Der zweite Tag sieht schon eine steile Passage querfeldein vor, der dritte über tausend Höhenmeter. Am Ende der Woche, wenn das Wetter mitspielt, kann das Abenteuer von 2.100 Meter auf fast 3.700 Meter über Eis und Schnee gewagt werden. Wenn die Flachländer, die sich das nie zugetraut hätten, erschöpft aber glücklich auf dem Gipfelplateau sitzen, haben sie sich nicht nur äußerlich weiterbewegt.

Solche Unternehmungen stellen nicht nur für die Gäste Grenzgänge dar. Nicht nur, dass sie jene dazu herausfordern, an ihre Grenzen zu gehen und diese ein Stück weiter hinauszuschieben; auch der Bergführer riskiert etwas, insofern er sich auf seine Erfahrung verlassen muss, wem was zuzutrauen ist und ob alle Beteiligten dazu fähig sein werden, die Herausforderung anzunehmen. Kinder und Jugendliche zu führen, verlangt besonders viel Erfahrung und Einfühlungsvermögen. Wo sich die Wunsch- und Energiekurven eines Achtjährigen in alpinem Raum und alpiner Zeit schneiden, ist schwer vorherzusehen, und zum Tragen ist er mittlerweile ein wenig schwer. Nicht wenige Bergführer scheuen daher davor zurück, Kinder mitzunehmen. Der Geher, nicht ohne abschreckende Beispiele in seinem Leben, kann doch auf einige Fälle verweisen, da er schwerste Gipfel mit Erwachsenen meistert, die er schon als Kinder am Seil hatte.

* * *

Auch der Geher wohnt in einem Dorf, das ein Dorf wie jedes andere ist. Da gibt es alte Freundschaften und alte Feindschaften, Achtung und Verachtung. Ein alter Freund hat ihm einmal wegen einer nichtigen Eifersüchtelei eine Anzeige ins Haus geschickt. Für Jahre haben sie kein Wort gewechselt. Bei einer dramatischen Rettungsaktion, die der andere leitete und wo das Dorf einen Ruf zu verlieren hatte, half der Berggeher mit Rat und Tat. Anschließend reichten sie sich die Hände. Man könne schließlich, so der Geher, nicht den Rest des Lebens umeinander herum schleichen.

„Steinreich“ von Kindesbeinen an

Wenn grün Gesinnte aus der Stadt das Tal besuchen und gelegentlich bemerken, dass die hohen Wiesen nicht mehr gemäht werden und was das für Folgen habe, wird der Geher zornig. Die Mutter habe die steilen Hänge in über 2.000 Meter Höhe gemäht, wie auch andere, die nur eine kleine Landwirtschaft für den Eigenbedarf hatten, und ohne Steigeisen sei da nichts gegangen. Sollten sie das doch einmal versuchen, die feinen Herren aus der Stadt, einen fünfzig Grad steilen Hang – vielleicht ist das Gras noch feucht in der Frühe – zu mähen und für die zwei Kühe daheim etwas nach Hause zu bringen.

Die Mutter war die Seele vom Haus, streng und herzlich. Seit das neue Haus aus den 1960er-Jahren stand und sie Fremdenzimmer vermieteten, war sie für die Gäste der Mittelpunkt. Der Vater nahm, neben der kleinen Landwirtschaft, verschiedene Arbeiten in der Umgebung an, vielfach Tragedienste, unter anderem zur Versorgung der Schutzhütten. Auch am neuen Tunnel für die überregionale Durchgangsstraße aus den 1960er-Jahren hat er mitgebaut. Vom Vater hat der Geher das Steineklauben gelernt. Viele Male sind sie losgezogen mit der kleinen Kraxe des Vaters, auf die ein Kasten für die Steine montiert war. Nachdem der Bub die wichtigsten Fundorte für Bergkristall, für Granate und Rhodonite kennengelernt hatte, wurde es zu einem kameradschaftlichen Wettbewerb, dem Gelände neue Fundstellen abzulesen und jene zu erschließen.

Kaum eine Beschäftigung in der Kindheit kam ohne ausführliches Gehen aus. Der Gang auf die Almen, nach dem Vieh zu sehen, ihm nachzugehen, wo es sich in gefährliches Gelände begeben hatte, die Milch hinunterzubringen, soweit sie nicht oben zu Käse verarbeitet wurde, Holz holen – ja, selbst der Besuch von Verwandten im anderen Tal bedeutete eine Tageswanderung über die Berge. Was die Kinder aus der Stadt allenfalls lernen, wenn sie einmal mit den Eltern Bergurlaub machen und die eine oder andere Wanderung durchgeführt wird, ist hier für einen Zehnjährigen zur jahrelangen Gewohnheit geworden. Auf den vielmals begangenen Steigen fällt ein frisch herabgestürzter Stein sofort auf. Blüht eine Bergblumenart in einem Jahr an der bekannten Stelle besonders schön, ist dies beim gemeinsamen Mittagessen eine Bemerkung wert. Wird eine Bergwiese von einem Quell stärker durchfeuchtet und das vom Vieh verschmähte Binsengras nimmt überhand, bemerken dies schon die Kinder. Durch das Gehen im Gelände, durch das Tragen leichterer und schwererer Lasten von Kindesbeinen an gehört eine genaue Geografie der umgebenden Heimat zum Alltag. Verbunden mit der immer gegenwärtigen Nutzenfrage, was gut ist für Mensch und Tier, prägt sich die nachhaltige Pflege der Landschaft als selbstverständliche Haltung aus, wie es bei den Bergbauern seit Jahrhunderten war. Lästige Steine räumt ein jeder von selbst aus dem Weg, Zäune werden ausgebessert, Blumen stehen, vom Berg mitgebracht, immer in der Kuchl, aber eben nur so viel wie nötig und schön. Was der Nationalpark, eine volkspädagogische Einrichtung für raubbauende Städter, den Menschen mit Mühe einzubläuen versucht, war für die Bergler schon immer Alltag.

Der Geher spricht gern von seinem Elternhaus und dem Ort, da es stand. Für ihn gewinnt alles, was er sieht und erfährt, bald einmal eine geologische Bedeutung, die aus den Bergen und ihrer Erdgeschichte stammt.

Mitten im Ort hatte das Eis einen Moränenhügel aufgeschichtet und zurückgelassen. Das alte Haus stand bergseits am Moränenanfang. Der Hügel erhob sich talwärts und gehörte zum frühen, hausnahen Spielgelände für die Kinder. Als dann das neue Haus gebaut wurde, – wer im Tal wartete in den 1960er-Jahren nicht auf eine Gästewelle, die in anderen, bevorzugten Tälern schon in den 1950er-Jahren zu rollen begonnen hatte? – wurde der obere Teil des Moränenhügels abgetragen. Beim Kelleraushub für den Neubau, der mitten auf dem Hügel zu stehen kommen sollte, sind sie, so schwört der Geher, auf Eis gestoßen, in das die großen Steine gebettet waren. Mitten im Tal eine Toteiskammer, welche die Arbeiten unerwartet mühsam machte.

Der Toteisgedanke ist überhaupt ein prägender Gedanke. Natur und Vergangenheit, also auch die vergangene Natur ragen allenthalben in unsere Gegenwart herein, unterwandern die Gegenwart geradezu. Gut, sie zu kennen und zu verstehen. Auch unter den Menschen spielen die Alten noch eine schwergewichtige Rolle. Als Kind begegnete der Geher noch der Vorkriegsgeneration der alten Bergführer. Sie trugen schwere Lodensachen, Nagelschuhe, verwegene Hüte, ihre Gesichter sahen so aus, als hätten die von ihnen bestiegenen Bergspitzen ihre Spuren hinterlassen. Sie bildeten eine Loge der mit den Bergen Verwandten, ohne ihr Wort konnte kein Neuling in die Bergführerei hineinwachsen. Einmal an ihren Tisch zu treten, mit ihnen Worte zu wechseln, gar mit einem von ihnen mitzugehen und sich somit zum Aspiranten für höhere Aufgaben vorzustellen, all dies hatte seine unbezweifelte Bedeutung.

Es war die Zeit, wo die Kindheit nicht durch einen großzügigen Schutzraum vom Erwachsenenleben getrennt war. In den Bergtälern gehörte es dazu, auch in die Erledigung schwerster Arbeiten der Erwachsenen hineinzuwachsen. Der Geher war als Neunjähriger auf der Alm und musste einmal die zwölf Kühe melken, und das mit der Hand. Die kleinen Finger konnten sich schon nach der fünften Kuh kaum noch rühren. Die Arme schmerzten bis in die Schultern hinauf. An den folgenden Tagen mussten sie, mit Kräutern belegt, einbandagiert werden. Erst nach zwei Wochen ging es wieder. Am schlimmsten aber waren die spöttischen Sprüche des Senners.

Die in den 1930er-Jahren Geborenen kannten wie selbstverständlich Hunger und Frieren. In den armen Familien war es nichts Ungewöhnliches, den Kindern alle zweiten Zähne herausreißen und durch ein Gebiss ersetzen zu lassen, weil die regelmäßige Konsultation eines Zahnarztes bei einer vielköpfigen Kinderschar die materielle Existenz der Familie aufs Spiel zu setzen drohte.

Auch wenn die Kinder mit Härten des Lebens konfrontiert wurden, wäre es falsch zu sagen, wie mitunter zu hören, diese Generation habe keine Kindheit gehabt. Sind die Grenzen zur Erwachsenenwelt durchlässig, so tun sich auch Freiheitsräume auf, von denen Stadtkinder nur träumen können. Schon das eigene Haus stellt eine Welt dar, die mit all ihren Räumen, ihren Winkeln und Werkzeugen, mit den Tieren und geheimnisvollen Spuren vergangener Generationen über Jahre entdeckt werden will. Welche Buben in der Großstadt verfügen über einen zehn Meter hohen Felsen unweit des Ortes, an dem schon einmal die wichtigsten Handgriffe und Mutproben geübt werden können? Welche Kinder können ihr Universum wie selbstverständlich weit über die eigenen vier Wände hinaus in die Anwesen der Nachbarn, vor allem der Verwandten hinein verlängern und über Jahre auf Entdeckungsfahrt in der eigenen Heimat sein?

Wer mit dem Geher die zwei, drei Stunden hinter der südseitigen Alm zu jenem gut dreitausend Meter hohen Hauptgipfel der Gruppe hinaufgezogen ist, wo die Landschaft sich aus dem satten Grün der Weiden mehr und mehr in eine enorme Steinwüste verwandelt, wird bestimmt bei einer der kurzen Verschnaufpausen den Spruch zu hören bekommen, wie steinreich die Menschen im Tal doch seien. Die ironische Bemerkung erinnert daran, dass die Steine für das bergbäuerliche Leben nicht nur Hindernis und Gefahr darstellen, sondern auch Nutzen und Reichtum bieten konnten. Als Baumaterial in großer Höhe ersparen sie dem Menschen, künstliche Steine hinaufzutragen. Als Kupferkies oder im anstehenden Gestein eingeschlossener Asbest waren sie Einkommensquelle für die Knappen der frühen Neuzeit, die in zweieinhalbtausend Meter Höhe, oft in weit vom Tal entfernten Gegenden, unter heute kaum mehr vorstellbaren Bedingungen das Erz abbauten oder, bis nach dem Ersten Weltkrieg, von der Fundstelle den alten Asbeststeig benutzten, der durch eine fast senkrechte Kalkwand ins Tal hinabführt. Auch der Vater, der das Steineklauben an den Sohn weitergab, hat diesen Steig oft benutzt, um Fundstücke aus dieser Region zu Tal zu tragen.

Das Steineklauben war einerseits keine Sache von Spezialisten. Viele gingen gelegentlich in die Berge, um einen schönen Bergkristall zu finden und diesen später einmal zu versilbern. Gleichwohl schälten sich aus der Gruppe derjenigen Talbewohner, die über geringe Einkommensquellen, etwa aus einer Landwirtschaft, verfügten, einige heraus, die regelmäßig und mit großer Findigkeit Steine suchten und dies über die Sommermonate zu einer Hauptbeschäftigung machten.

Der Vater und er hatten im Verlaufe ihres Lebens eine stattliche Steinsammlung angelegt. Viele schöne Stücke, vor allem die großen Bergkristalle, sind schon vor

Jahrzehnten verkauft worden. Seit einigen Jahren prangt am Haus ein großes Schild mit der Aufschrift „Steinsammlung“. Wer immer wieder einmal auf der schönen Bank vorm Haus sitzt und den Blick über das Bergpanorama, aber auch über die immer wechselnden Steine auf dem langen Tisch gleiten lässt, dem kann es passieren, dass sich irgendwelche Menschen nähern, vor dem Tisch stehen bleiben und, statt zu grüßen, Meinungen über die Steine austauschen, den einen oder anderen aufheben, hin- und herwenden und schließlich wieder hinlegen. Manche dieser Zeitgenossen beenden ihren Auftritt mit der leicht hingeworfenen Frage, ob sie eben diesen Stein, den sie in der Hand halten, wohl mitnehmen könnten – denn zu diesem Zweck würden sie ja doch hier „herumliegen“. Eine Verneinung von Seiten der Hausbewohner wird nicht selten, um das mindeste zu sagen, mit Unverständnis aufgenommen.

Am Weg einen schönen Stein zu finden, war auch in früheren Zeiten eher die Ausnahme. Häufig waren entlegene und ausgesetzte Orte aufzusuchen, sollte ein besonderes Stück mit nach Hause gebracht werden. Das Steineklauben war immer wieder mit gefahrvollen Unternehmungen verbunden. Als Bergretter war der Geher bei der Bergung eines tragisch Verunfallten dabei. Die Steineklauber waren zu zweit. Der eine hatte in der Nordwand des Grates, der von einem der spitzigen Dreitausender nach Osten hinunterzieht, bereits eine Höhle ausfindig gemacht und vorbereitet, in dem große Bergkristalle zu finden waren. Da das Gestein über dem Gletscher gefroren war, mussten die Steine herausgetaut und dann -gestemmt werden.

In Erwartung des großen und vermutlich wertvollen Schatzes, den sie heben wollten, hatten die beiden bis nach Mitternacht gefeiert und daher wenig geschlafen. Sie stiegen vom Tal herauf über das Kar und über einen davor gelegenen Gipfel, weiter über das Kees zur Einstiegsstelle. Die Wand ist fast senkrecht, das Gestein brüchig. Es konnte nur gelingen, auf einem schmalen Felsband zur Fundstelle zu gelangen. Der Eine hatte sich schon oben auf dem Kees nicht ganz wohl gefühlt und war immer so geschwankt. Aber es musste doch gehen. Wie sich nun der Andere daran machte, das mitgeschleppte Gerät zum Auftauen der Felsen einzusetzen, stand der Zweite noch draußen auf dem schmalen Felsband. Der in der Höhle begann, mit dem Kameraden zu reden, und es kam ihm schon merkwürdig vor, dass von draußen keine Antwort kam. Als er nachsah, war von ihm nichts mehr zu sehen.

Sie fanden ihn schließlich zerschmettert weit unten in der Wand in dieser fürchterlichen Gegend aus Fels und Eis, die von den Einheimischen nicht umsonst „Hexenkessel“ genannt wird. Der Geher nahm damals an der Bergung teil. Die Nachricht vom Tod des Steinklaubers hatte sich rasch verbreitet. Als sie, noch in der Morgendämmerung, mit dem Bündel auf einem Schlitten über das lange Kees und über die Wiesen schließlich bei den ersten Almhütten ankamen, traten Frauen mit Kerzen aus den Hausungen, näherten sich, wie Geister aus dem Morgennebel hervortretend, den Männern von der Rettung und begannen laut und bitterlich wehzuklagen, wie es üblich ist. Ein Augenblick, den man sein Leben lang nicht vergisst.

Der Selbstverständlichkeit, mit der sich die Bergler in früheren Zeiten zu ihrer Landschaft als Reichtum und Lebensquelle verhielten, hat der Nationalpark ein Ende bereitet. Da kann es schon einmal geschehen, dass ein auffällig großer und schwerer Rucksack vom Nationalpark-Ranger kontrolliert wird, ob sich darin größeres Gerät findet, dessen Einsatz die Grenze zwischen Souvenir und Umweltfrevel verletzen würde. Als der Geher einmal, nach langer Tour, wieder im Tal anlangte, einen besonders schönen Stein mit Kupferkies aus dem Rucksack packte und bestaunen ließ, trat eine Touristin hinzu und meinte, wie er den denn habe mitnehmen können, der würde doch jetzt da oben fehlen.

Je mehr das Leben seinen Zusammenhalt verliert und der ganzheitliche Blick auf Natur und Mensch, auf das Leben und seine Reproduktion erlischt, muss die Natur als Garantin einer unverletzten Ganzheit herhalten, die es so nur in den Köpfen der Naturschützer gibt. Im Tal spielen die Steine eine ganz andere Rolle. Sie bilden vor allem in den 1950er- und 1960er-Jahren einen Teil des Haushaltseinkommens und eine der wenigen Möglichkeiten, an Bargeld zu kommen. Die enormen Bergkristalle, teils mit mehreren Kilogramm Gewicht, finden auch die Einheimischen schön. Doch je stärker die Armut drückt, desto näher rückt der Zeitpunkt, wo man sich von den wertvollen Stücken trennt.

Der Berggeher trägt längst keine Steine mehr. Es wird wohl zusammengenommen ein kleiner Berg mit vielen Tonnen Gewicht sein, den er im Verlaufe seines Lebens zu Tale getragen hat. Heute weiß er, warum ihm der Rücken jede Nacht schmerzt und zu seiner chronischen Schlaflosigkeit beiträgt. Wird auf einer Wanderung einmal ein besonders schönes Stück gefunden, so muss der Gast es in seinen Rucksack nehmen, schon um auch nur entfernt ein Gefühl dafür zu bekommen, was das Steineklauben bedeutet.

* * *

Noch in den 1990er-Jahren, die Mutter war lange tot, hat man den Vater oft vor dem Haus sitzen sehen. Er hatte seinen Platz, bekam sein Essen und sein Trinken, am Ende nur mehr Astronautennahrung. Der Geher trug ihn schließlich morgens, wenn es warm genug war, vors Haus an den geschützten Platz und setzte ihn in seinen Stuhl, der mit einer Decke gepolstert war. Wer das Vaterhaus erbte, hatte auch für die Eltern zu sorgen bis an ihr Lebensende. In wie vielen Familien besorgte das nicht eine Frau. Aber wenn eben ein Sohn allein im Haus bleibt, fällt ihm die Aufgabe zu. Fast selbstverständlich hat der Geher daraus das Recht abgeleitet, von seinen Schwestern, die längst ihre eigene Familie hatten, Hilfe in Anspruch zu nehmen beim Führen der Wirtschaft im elterlichen Haus. Entlohnt hat er sie gewiss. Doch immer wieder, als wäre es ein Fluch der Einsamkeit, kam es dahin, dass eine nicht mehr wollte oder nicht mehr sollte.

Aus Merkheft und Bergführerbuch

Es war die Zeit, wo es nicht einfach Schullehrer gab, sondern *den* Lehrer. So auch für den Berggeher. Er hatte einen Lehrer, der, wie es in vielen anderen Alpentälern der Fall war, das erste kleine Büchlein über die Gegend, einen Talführer anregte und schließlich auch niederschrieb. Sein ehemaliger Schüler, inzwischen junger Bergführer, wurde vom alten Lehrer mehrfach um Rat gefragt, was die geografischen Tatsachen, die bevorzugten und für die Touristen angemessenen Routen zu den großen Gipfeln betraf. Bis es zu einem Verhältnis gegenseitiger Achtung zwischen Lehrer und Schüler kommen konnte, musste damals viel Zeit vergehen. Es war die Zeit, als noch täglich Schönschrift geübt wurde. Der Berggeher setzt die Buchstaben aufs Papier. An der Bewegung seiner Hand ist abzulesen, dass das Schreiben eine eigene Veranstaltung ist, die nicht etwa beiher schnell einmal zu erledigen ist.

Als der Geher zur Schule ging, gab es noch Wörter wie „Merkheft“ oder „Schulübung“. Selbst die Schulhefte im kleinen Format wurden eingeschlagen, nicht nur die Bücher. Eine äußerst saubere lateinische Schrift, mit dem Füllfederhalter aufgetragen, läuft wie auf unsichtbaren Hilfslinien über das inzwischen vergilbte Papier. In manchen Passagen bekommt sie die Schnörkel der deutschen Schreibschrift, die wohl immer wieder einmal geübt wurde.

Das Wissen der Dorfschule im sechsten Schuljahr etwa reichte von Erdkunde, Geschichte und Mathematik bis zur „Naturlehre“, welche Biologie, Physik und

Technik vereinte. Die mit Buntstiften ausgeführte ganzseitige Karte der Schweiz vermerkt Monte Rosa, Matterhorn und, jenseits der Grenze zu Frankreich, den Mont Blanc. Der Geher ist zu dieser Zeit dreizehn Jahre alt. Schrift und Zeichnungen, gleich ob solche der Geometrie oder der Geografie, atmen mit ihrer bestechenden Sauberkeit und mit ihren kräftigen farbigen Strichen und Unterstreichungen die Intensität eines Lernens, das von der Übertragung durch starke Lehrerpersönlichkeiten lebt. Diktat und Abschreiben, auch wiederholtes Abschreiben, sind selbstverständlich.

Das Wissen ist an der Praxis orientiert, immer bildhaft formuliert – wie in dem Wort „Berührungselektrizität" – und erreicht eine für das Alter hohe Komplexität. Da kommen Berechnungen von Holzfuhren ebenso vor wie der Blutkreislauf und die Funktionsweise eines E-Werks. Je genauer der Stoff die Interessen des jungen Gehers trifft, etwa bei der Physik, aber auch bei fremden Ländern, desto detaillierter sind die Gegenstände farbig ausgeführt. Unter der Überschrift „Tierische Schmarotzer im menschlichen Körper" notiert der Hütejunge abschließend: „Die Bakterien halten sich mit Vorliebe im Schmutz, in feuchten Wohnungen und in Fäulnis auf. Deswegen halte dich rein in allem, meide feuchte Wohnungen."

Es ist nicht viel Zeit zum Lernen. Das Leben fordert, vor allem im Sommer, und ein früher Übergang zum Arbeitsleben drängt. Die Merksätze müssen knapp und blutvoll sein. „Die Haupthetzer gegen den König waren Robespierre, Marat und Danton." Das Schicksal Ludwig XVI. erhält christliche Farbe: „Er gab sein Leben unschuldig für die Sünden seiner Vorgänger." Auf einmal rückt die Geschichte ganz nah. Der Gründung des Kinderhilfswerks der Vereinten Nationen am 3. Oktober 1947 ist ein auffallend ausführlicher Text gewidmet. „In Österreich opferte jeder Arbeiter den Lohn für fünf

Stunden dem Kinderhilfswerk der Vereinten Nationen. Dieses Geld blieb zur Gänze in Österreich, und die Vereinten Nationen gaben noch das Doppelte dazu. Mit diesem Gelde wurden dann Schülerspeisungen errichtet, Jugendheime erbaut und lungenkranke Kinder wurden geheilt. Aus dieser Hilfsbereitschaft kann man erkennen, daß jeder dem andern helfen will, war er früher sein Freund oder Feind."

Anfang Dezember 1948 datiert wohl der Beginn des Tourismus in der Familie des Gehers. Denn eben da musste das Merkheft zum Entwurf eines Briefes dienen, der lautete:

Sehr geehrter Herr Trift!

Das frohe Weihnachtsfest kommt mit jedem Tag näher. Ich lade Sie herzlich ein, falls Sie Zeit haben, Ihren Urlaub während dieser schönen Feiertage bei uns zu verbringen. Wir haben Ihnen schon eigens ein Schlafzimmer hergerichtet, worin Sie allein schlafen können. Wir wären sehr erfreut, wenn Sie zu Weihnachten kommen würden.

Es grüßt Sie herzlich
Ihr Bekannter, der Geher

Die alten Bergführer des Tales aus der Vorkriegsgeneration machten den Gelegenheitsarbeiten, die auf die Schule folgten, bald ein Ende und empfahlen den jungen Bursch zur Bergführerausbildung. Damals gab es noch die Bergführeranwartschaft. Ein Anwärter hatte mit einem fertigen Bergführer zwei Jahre mitzugehen und Lehrgeld zu zahlen. Selbstverständlich lernte der Anwärter alle Techniken, Fertigkeiten und Schliche des Bergführers auf diese praktische Weise kennen. War einem

Gast das Gepäck zu schwer, musste es allerdings der Anwärter tragen.

Nach bestandener Anwartschaft folgte die eigentliche Ausbildung zum staatlichen Berg- und Skiführer. Die war hart, wie sie heute hart ist. Ein Bergführer muss in allem zum doppelten Krafteinsatz bereit und fähig sein. Die Prüfungen, die viel Theorie im Bereich Geografie, Geologie, Meteorologie und Physiologie, Medizin und Bergung von Verletzten enthalten, enden in einer praktischen Abschlussprüfung, die in einer Musterführung besteht. Dafür suchen die Ausbilder, selbst erfahrene Bergführer, selbstredend keine Standardberge aus, sondern eher entlegene und selten begangene Massive.

Die Grate der Gipfelgruppe, mit der es den Geher traf, sind recht scharf und von keiner Seite leicht zugänglich. Schon die Routenplanung war schwierig und erforderte, je nach Wetter und Gästen, über unterschiedliche Varianten nachzudenken. Die Führung verlief so gut, dass die Prüfung insgesamt mit Auszeichnung bestanden war. Das Bergführerhandwerk ist so heikel, so eng mit Leib und Leben des Gastes verbunden, dass es nach der Ausbildung keineswegs vorbei ist mit der Kontrolle und Aufsicht. Über Jahre führte der Geher ein Bergführerbuch, in das die Gäste Bemerkungen über die absolvierten Touren und über ihre Zufriedenheit mit dem Führer eintrugen. Das Buch war doppelt anzufertigen, und die Eintragungen wurden von der Bezirksregierung regelmäßig gegengezeichnet. Eine über mehrere Seiten gehende Eintragung eines Gastes aus den späten 1950er-Jahren, Diplomingenieur und Professor in Berlin, endete mit den Worten:

Der Berggeher erwies sich bei diesen Touren und Gipfelbesteigungen trotz seines jungen Alters als außerordentlich erfahren, sicher und umsichtig. Darüber hin-

aus möchte ich aber folgendes bemerken: Er legt bei unseren Bergfahrten keineswegs Wert darauf, auf kürzestem Weg und in kürzester Zeit den Gipfel und wieder die Schutzhütte zu erreichen, sondern paßt sein Tempo mit bewundernswertem Einfühlungsvermögen der physischen Leistungsfähigkeit der sich ihm Anvertrauenden an, was ich als 56jähriger besonders zu schätzen wußte. Er findet daneben sogar noch Zeit, die Besonderheiten und Schönheiten der Gletscherwelt zu zeigen und zu erklären. Da er selbst begeisterter Photograph ist, hat er ein offenes Ohr für diesbezügliche Wünsche seiner Begleiter und gibt ihnen noch spezielle Tips für die Aufnahmen. Der Bergführer verfügt außerdem über beachtliche mineralogische Kenntnisse und hat uns, insbesondere meinem Sohn, auf den Touren abseits der üblichen Wege zu schönen Schaustücken von Mineralien verholfen.

Wir haben in diesem Bergführer einen Menschen kennengelernt, der weit über seinen Aufgabenkreis hinaus die lebende und tote Natur seiner Umwelt mit hellwachen Augen erforscht und es fertigbringt, auch seinen Begleitern das Herz für die herrliche Erhabenheit der Bergwelt zu öffnen. Wir wünschen ihm noch für viele Jahrzehnte die Möglichkeit, gehetzten und naturhungrigen Städtern diesen so wertvollen Dienst zu erweisen.

Unterwegs in den ganzen Alpen

Es war noch dunkel, als der Berggeher von der Weißhornhütte losging. Selbst im Sommer ist der Boden in gut dreitausend Meter Höhe zwischen den höchsten Bergen der Alpen gefroren, und die Stirnlampe löst auf jedem Schritt Funken aus, von den kleinen Eiskristallen ins Licht geworfen.

Der Gast war, das deutete sich schon am Abend zuvor an, krank geworden, und so musste der Geher allein zum großen und schwierigen Berg aufbrechen. Unwägbarkeiten der Berggeherei: lange Anfahrten oder Anmärsche, großer Aufwand an Gerätschaft und Kosten für diejenigen, welche einen Bergführer mit in die Schweizer Alpen nehmen – all das nützt nichts, wenn nicht Wetter, Kondition und natürlich Gesundheit mitspielen. Ein Versagen in einer Zweierseilschaft, ein Augenblick der Schwäche oder gar eine Ohnmacht können den Seilpartner mit in die Tiefe reißen.

Der Berggeher erkundete noch am späten Nachmittag des der Tour vorangehenden Tages den ersten Teil des sehr unübersichtlichen Aufstiegs, den er morgen in der Früh noch bei völliger Dunkelheit nehmen musste. Diese Maßnahme erweist sich bei großen Westalpenbergen als überaus hilfreich. Um drei Uhr stand er dann, nach den ersten paar hundert Höhenmetern, vor einer fast senkrechten Wand, die wohl an die zweihundert Höhenmeter vor ihm aufragte. Doch er war nicht allein. Aus dem Dunkeln tönte die Stimme in schweizerischem Dialekt: „Na, was nun, Junge!“ Der Kollege aus Chur war deutlich jünger als der Geher und, wie sich zeigen sollte, auch ärmer an Erfahrung und Kondition.

Der Geher war schon einige Male als junger Bergführer in den Schweizer Bergen gewesen, hatte immer wieder einen Bergführeranwärter aus seinem Tal als Assistenten mitgenommen. Gäste in die Bernina zu führen oder in die Walliser Berge gehörte, wie bekannt war, zu seinem Programm. Und doch stellte sich immer, wenn er in die Schweiz fuhr, eine gewisse Spannung ein, nicht nur, weil er in diesen Bergen nicht genau in derselben Weise wie in den heimischen zu Hause war, sondern viel mehr noch, weil sich die landsmannschaftlichen Unterschiede hier unweigerlich geltend machten.

Nach seiner Erfahrung hatten die Schweizer Bergführer, damals zumindest, gegenüber den Tirolern die Nase hoch und betrachteten sie nicht selten eher als Konkurrenten denn als Kollegen oder gar Bergkameraden. Genau in diese Kerbe haute der ins Morgengrauen geworfene Satz: „Was nun, Junge!" Der Geher fand seinen Weg, vermied peinlich die Route des Schweizers, um auch nicht das kleinste Steinchen auszulösen. Es gab keine Spur. So spurte er hinauf, war lange vor dem anderen am Gipfel und hörte sich, schon wieder wohl fünfhundert Höhenmeter unter dem Weißhorngipfel, auf dem schwierigen, ausgesetzten und mit Blankeis durchsetzten Grat von Ferne die beleidigenden und herabsetzenden Rufe des anderen an. Es musste jenen bis ins Mark gefuchst haben, dass der Fremde ohne viel Federlesens diesen gewaltigen Berg meisterte.

Der Aufstieg wird mit sieben Stunden angesetzt, nach sieben Stunden war der Geher jedoch wieder bei der Hütte. Den Zwischenfall mit dem Schweizer Kollegen ließ er nicht auf sich beruhen, sondern meldete die Sache dem Hüttenwirt. Der Ostschweizer Bergführer erhielt eine Verwarnung vom Internationalen Verband der Berg- und Skiführer.

Doch unangenehme Begegnungen in der Fremde kommen auch mit Landsleuten vor. Es war bei einer anderen Gelegenheit im Wallis, als eine Besteigung des Zinalrothorns anstand. Der Berg ist bekannt für seine ausgesetzten Grate und heiklen Passagen. Gerade im kombinierten Gelände von Fels und Eis hängt sehr viel vom Wetter ab. In der vergangenen Nacht hatte es noch einmal ein paar Zentimeter nachgeschneit, so dass, wie es häufig vorkam, der Nordgrat des Zinalrothorns neben den Altschneepassagen auch gewiss zehn Zentimeter Neuschnee hatte. Der Geher war mit seinem sehr gut trainierten und für diese heikle Bergfahrt bestens geeigneten Gast schnell unterwegs, auch wenn er das Gelände zum ersten Mal unter den Füßen hatte.

Vor ihnen tauchte, kurz vor der Binerplatte, eine Zweierseilschaft auf. Es waren zwei Tiroler Bergsteiger – er erkannte sie sogleich an der Sprache –, von denen ihn einer anraunzte ins Halbdunkel der noch knapp unter dem Horizont wartenden Sonne: „Ziehen die Tiroler Bergführer die Steigeisen jetzt schon im Fels an?“, nach dem Motto, sie hätten ja genug Geld, sich immer wieder neue zu kaufen. Der Geher wusste genau, was er tat. Wie viele Male hatte er eine ähnliche Situation erlebt und durchstiegen: feiner Neuschnee auf steilen Felsplatten, die aufgrund des am vergangenen Tag in der Sonne geschmolzenen Schnees eine dünne Eisschicht aufwiesen. Da sind Steigeisen kein Kann, sondern ein Muss.

Auf dem Rückweg bewegte sich die andere Seilschaft dicht hinter dem Berggeher. An einer sehr steilen Eisflanke von etwa fünfzig Grad, die den Geher wieder zum exponierten Grat hinüber bringen sollte, geschah es: Seinen Gast am kurzen Seil von zwei Meter sicher geführt, betrat er das mit einer drei Zentimeter Neuschneeauflage noch gefährlicher gewordene Gelände. Wohl in der falschen Einschätzung, der Geher und sein Gast hätten keine Steigeisen mehr an den Füßen, folgten die Beiden dem Bergführer auf kürzester Entfernung ohne die verschmähten und nur von den „reichen“ Bergführern getragenen Steigeisen.

Der Berggeher hatte kaum einen Schritt getan, als er hinter sich eine heftige Bewegung wahrnahm. Im Stürzen langte der Vordere der beiden Tiroler hastig nach vorn, um den Rucksack des Gehers noch zu erwischen. Doch dieser tat einen kurzen, lebensrettenden Schritt nach vorn und ruckelte kurz mit dem Rucksack hin und her, wie um etwas abzuschütteln. Da schoss auch schon der Körper des Verfolgers an ihm vorbei, überschlug sich mehrfach und verschwand hinter der Wölbung der in die Tiefe stürzenden Wand. Der Seilpartner hinterher.

Er half den Schweizer Bergrettern noch bei der Bergung der Toten. Auch wenn er den Anblick von zerschmetterten Leibern gewöhnt war, soweit man sich daran gewöhnen kann, so war er, nach einer großen Tour und einer aufwendigen Bergung, nicht nur körperlich müde. Solche Erlebnisse führen immer wieder die Grenzen des Bergsteigens, die Grenzen zwischen Sinn und Sinnlosigkeit extremer Unternehmungen vor Augen. Die Bilder wird man nie los.

In der Bernina war der Geher oft mit Gästen unterwegs. Selbst die sorgfältigste Erprobung im heimischen Gebiet, ob die Gäste auch westalpentauglich seien, schützte nicht vor Überraschungen. Am Biancograt muss man sich abseilen können. Was tun, wenn die Gäste diese Technik so schlecht beherrschen, dass sie im Ernstfallgelände versagen und sich die Unternehmung endlos hinzieht oder gar zur Katastrophe auszuwachsen droht?

Überhaupt hat die Bernina, wie alle großen Gebirgsstöcke, ein eigenes Klima. Oft ist es dem Geher und seiner Begleitung passiert, dass sie auf einer der höchstgelegenen Hütten auf der italienischen Seite unterm Gipfel Station machten und nach Wetterumschwung in der Nacht am nächsten Tag unter keinen Umständen mehr zur Schweizer Seite absteigen konnten. Ein Abstieg ins italienische Veltlin mit einem großen Bogen über den Pass und über das Puschlav zurück nach Pontresina war in solchen Fällen der einzige Ausweg.

Ein Erlebnis aus dem Engadin ist ihm besonders lebhaft im Gedächtnis geblieben. Der Morteratschgletscher war damals einer der größten und, neben dem Aletschgletscher, längsten der Alpen. Auf dem Rückweg mancher Touren beschritt man stundenlang diesen gewaltigen Gletscher. Die Seitenmoränen ragen berghoch über das Eis hinaus, das vielfach zerklüftet ist und ungeheure Massen an Schutt und Steinen mit sich führt.

Es war wieder einmal so ein Rückweg mit einer recht großen Seilschaft. Alle waren schon glücklich und erleichtert, dass sie von den großen Bergen ohne Blessuren zurückgekehrt waren. Mancher dachte schon daran, unten, im vornehmen Pontresina, einzukehren und ein kühles Bier zu trinken. Da hörten sie plötzlich ein tiefes Grummeln und Scharren. Dann ein Krachen. Der Berggeher hatte sich kaum nach der Seite zu den großen Moränen umgedreht, weil er von da Steinschlag erwartete, als die ersten der Seilschaft wie Spielzeugfiguren zu wackeln und zu wanken anfingen. Als vielen durch den Kopf schoss, dass sie Zeugen eines Erdbebens seien, lagen sie schon auf dem Eis, stürzten zwischen die Steine, versuchten sich wieder aufzurappeln und wurden vom nächsten gewaltigen Ruck des Eises wieder zu Boden geworfen.

Kein Mensch rechnet mit so etwas, auch kein Berggeher, dessen Sinne für alle Gefahren besonders geschärft sind. Das erlebt man auch nur einmal im

Leben. Zwar wissen alle, dass das Eis sich bewegt, dass Gletscher fließen, dass sich Spalten auftun und wieder schließen. Aber selten geschieht es, dass Menschen die Bewegung des Eises am eigenen Leibe zu spüren bekommen.

Noch während der Geher sein Verbandszeug aus dem Rucksack nimmt, denn niemand ist ohne Schürfwunden davongekommen, lösen sich die Seilgefährten aus ihrer Erstarrung und beginnen, das Ereignis zu deuten. Ein Erdbeben? Aber dann hätten die Seitenmoränen und womöglich umliegende Berge in Mitleidenschaft gezogen werden müssen. Davon war aber nichts zu sehen. Also blieb, darauf einigten sich schließlich die Beteiligten, nur eine Erklärung: Im Untergrund des riesigen Gletscherflusses muss ein sehr harter Widerstand, etwa eine große Geländewelle aus Granit, gelegen sein, die dem Fluss des Eises über eine lange Zeit Widerstand geleistet hatte. Die mit der Zeit aufgebaute Spannung im Eis gegenüber dem Felshindernis muss zu dem Zeitpunkt, da die Seilschaft den Gletscher beschritt, so groß geworden sein, dass sie sich plötzlich löste und die Barriere mit einem Ruck talabwärts geschoben wurde. An der Oberfläche stellte sich diese Bewegung am Untergrund als bebenartiger Ruck des Eises dar, welche die Berggeher zu Boden riss und einige gar meterweit dahinschleuderte. Was für ein Glück, dass niemand größeren Schaden nahm. Was für ein schrecklicher Glücksfall aber auch, bei einem solchen Jahrhundertereignis dabei gewesen zu sein.

Reisen bildet. Das gilt auch für Bergführer. Heutzutage wird kaum ein Bergführer mehr von Unternehmungen in seinem Heimattal satt. Wer nicht in den ganzen Alpen und möglichst auch noch in den Anden und im Himalaya führt, liegt im Wettbewerb ganz hinten. Man mag das als natürliche Folge der Globalisierung und der globalen Nachfrage nach touristischen Events betrachten. Der Berggeher war weder in den Anden noch im Himalaya. In den 1950er- und 1960er-Jahren bewegte er sich weltläufig in Chamonix, Sankt Moritz oder Sulden. Zur Besteigung des Mont Blanc ließ er sich in der Heimat eigens einen Schuh aus doppeltem Oberleder gegen Erfrierungen und mit gezähnten Stahlkappen anfertigen. Er wusste Menschen aller Herren Länder in die Kunst einzuführen, sich auf den größten Bergen Europas zu bewegen, ihre landschaftlichen und alpinistischen Besonderheiten wahrzunehmen und zu genießen. In den Berghotels der Alpenmetropolen war er beim Abendessen ein gewandter Gesprächspartner, der sich nicht nur in Geografie und Alpinismus souverän bewegte, sondern auch zu Geschichte, Geologie und Kultur die spannendsten Dinge zu berichten wusste. Wieder daheim, merkten die Gäste der Art, wie er sein Handwerk ausübte, an, dass er nicht nur die heimischen Berge bestiegen hatte. Und wenn er von dem großen weißen Berg am Ende des Tales sagte, es sei wahrlich schon ein Westalpengipfel, dann war zu verstehen, was gemeint war.

* * *

Ist nicht das Heimkehren ebenso bedeutsam wie das Losziehen? Besonders galt das, wenn der Geher aus der Fremde heimkehrte. Daheim ist man, wo jemand auf einen wartet. So war es auch früher. Die Eltern waren im Haus, später Geschwister. Stammgäste warteten schon begierig darauf, seine Geschichten aus der Fremde zu hören und ihre eigenen, doch so wichtigen Besteigungsgeschichten loszuwerden. Wie aber, wenn nur das große Haus darauf wartet, dass nachgeheizt wird und die Bergkleidung wieder an ihren Platz wandert?

Viertausend Mal auf dem Höchsten

Jede Alpenregion hat ihr Matterhorn. Das ist der Berg, auf dem alle einmal gewesen sein müssen und der ein Tal mehr oder weniger allein ernährt. Häufig ist er der einzige, der über das Gebiet hinaus bekannt ist. Um diesen Berg ranken sich die meisten Geschichten, auf ihn führen die meisten und berühmtesten oder berüchtigtsten Routen. Es muss gar nicht der alpinistisch anspruchsvollste Berg sein, nein, für diese Stellung in der heimischen Bergwelt ist ein vergleichsweise leicht zu besteigender Gipfel von einer gewissen Großartigkeit und vor allem mit seiner eigenen Geschichte der Besteigung eher geeignet.

Heute nennt sich die Bergführerschaft des Tales nach diesem Berg, nicht nur ein Gasthof, auch das Taxi, mit dem man sich seit einigen Jahren zur tiefer gelegenen Hütte fahren lassen kann, trägt den Namen des großen Berges. Von hier aus sind immerhin noch fünfzehnhundert Höhenmeter zu bewältigen. Der Berggeher rechnet in fortgeschrittenem Lebensalter vor, dass er wohl an die viertausend Mal auf dem Gipfel gestanden haben muss. Es gab Zeiten, da gute und gefragte Bergführer den Gipfel von der höher gelegenen Hütte zweimal am Tag ansteuerten.

Der Berg ragt mit seiner charakteristischen Eiskappe aus einem der immer noch größten zusammenhängenden vergletscherten Gebiete der Ostalpen heraus. Unter zweieinhalb bis drei Stunden Gletscherüberquerung ist er von keiner Seite zu haben. Nähert man sich ihm, wie es der bevorzugte und kürzeste Zustieg vorsieht, den der

Geher im Schlaf gehen könnte, von Süden, so bildet er einen fast unspektakulären Buckel im „Hohen Gletscherdach“. Von Norden und Westen dagegen zeigt sich der Berg als ebenmäßige mächtige Pyramide mit fast senkrecht abstürzenden, mehrere hundert Meter hohen Wänden. Von München aus ist der Berg bei klarer Sicht ohne weiteres auszumachen, selbst mit bloßem Auge.

Der große Berg ist von einem Kranz von mindestens sieben Hütten umgeben, von denen allen eine mehr oder weniger lange Route auf den Gipfel führt. Alle Normalrouten treffen sich auf einem weiten Gletschersattel, so groß wie zwei Fußballfelder. Es ist ein Erlebnis, nicht lange nach Sonnenaufgang an diesen Punkt zu gelangen und zu beobachten, wie von drei, vier Seiten die Seilschaften, dünne schwarze Schlangen, sich scheinbar unendlich langsam über das blendende Weiß hinaufschieben.

Wer die ganze Gebirgsgruppe über die Hütten umrundet, hat gut eine Woche zu tun. Jeder Ausgangspunkt für eine Besteigung hat seine eigene Sicht auf den Berg. Auf jedem Abschnitt finden sich geografische und geologische Besonderheiten, die nur entdeckt, wer sich dem großen Berg über Jahre immer wieder und von verschiedenen Seiten nähert. Jeder Gletscherstrom hat sein eigenes Gefälle und, abhängig vom untergründigen Gestein, seine eigenen Ausformungen. Berühmt, jedoch längst vergangen ist die „türkische Zeltstadt“ im Norden, eine gewaltige Zone von Seracs, Eistürmen, die über Jahrzehnte in regelmäßiger Form wie Zelte dicht an dicht standen und den Bergsteigern einen einmaligen Anblick boten.

Der Berggeher pflegt ein durchaus zwiespältiges Verhältnis zu diesem großen Ernährerberg seiner Heimat. Wie sollte es auch anders sein? In den 1950er- und 1960er-Jahren war es noch üblich, dass die Bergführer auf den Hütten auf ihre Kundschaft warteten. Das war vor allem die in knapp 3.000 Meter Höhe gelegene Hütte, die von den meisten Touristen angesteuert wurde, eben weil sie den kürzesten und leichtesten Zustieg ermöglichte. Wenn sich ein Bergführer mit einer Kundschaft verabredete, hatte er entweder auf der Hütte nach der Führung am vergangenen Tag oben übernachtet und hatte, im Hüttengetriebe und in großer Höhe, vielleicht zwei, drei Stunden Schlaf bekommen; oder er war in aller Frühe vom Tal aus aufgestiegen und hatte womöglich schon fünfzehnhundert Höhenmeter hinter sich, bevor es zum Gipfel hinan ging.

Da es in den Ostalpen, aufgrund der Verwicklungen des Deutschen und Österreichischen Alpenvereins in der Nazizeit und der späten Rückgabe der deutschen Hütten an den Deutschen Alpenverein, mit dem Bergtourismus erst Mitte der 1950er-Jahre wieder so richtig losging, gab es einen gewissen Nachholbedarf. Die jungen Bergführer hatten das sichere Gespür, dass sie jetzt, solange sie jung waren und solange die Nachkriegskonjunktur des Tourismus anhielt, ihre Chance wahrnehmen mussten. So war es keine Seltenheit, dass der Berggeher, nach einer frühen Tour auf den Höchsten, an der Anseilstelle nur seine Seile kurz trocknen ließ und am späten Vormittag noch eine zweite Kundschaft mit auf den Weg zum Gipfel nahm. Damals rauchte er noch stark, zündete sich, wenn die Kundschaft anstrengend war, mitunter eine Zigarette an der vorigen an.

Gewiss, dem Bergtouristen, der sich mit einer Besteigung wie dieser womöglich einen lang gehegten Wunsch erfüllte, der dem Tag entgegenfieberte und für den jede Minute die Einmaligkeit der Unternehmung atmete, konnte der Gedanke nicht in den Sinn kommen, die Tour auf den höchsten Berg der Gruppe könnte ein Routinegeschäft sein. Die Gedanken des Bergführers mögen immer wieder einmal weniger hehre gewesen sein. Vielleicht kämpft er seit zwei Wochen schon mit unsicherem Wetter, weiß schon beim Losgehen, dass sie oben wahrscheinlich in einer Wolke stehen werden, hat sich am Tag zuvor womöglich über den Hüttenwirt, der ihm zwangsläufig Gastfreundschaft gewährte, bis ins Mark geärgert, weil dieser ihm die zweite Tageskundschaft ohne zu fragen weggeschnappt hatte und sich beim Gipfelgang ein willkommenes Zubrot verdiente, auch wenn er die langwierige und anspruchsvolle Ausbildung zum Bergführer nicht hatte.

Und doch, Routine und Brotverhältnis zum Berg hin oder her, dem Berggeher kommt die Persönlichkeit dieses Berges nie abhanden. Jedes besondere Ereignis, jede Rettung an diesem Berg, jede Geschichte hat sich, wie die Falte in einem Gesicht, eingegraben ins Gedächtnis, das selbst noch die langweiligste Begehung hebt. Allein schon die jahrzehntelange Beschäftigung mit dem Gipfelkreuz des höchsten Berges bildet eine eigene Geschichte.

In den 1950er- und 1960er-Jahren war der Gipfel noch schier. Die Aufstellung eines Kreuzes, das war den Einheimischen klar, würde immer eine schwierige Aufgabe darstellen, schon allein wegen des meterdicken Eispanzers, durch den kein fester Felsgrund zur Verankerung erreichbar sein würde. Eines Jahres kam ein begeisterter Gipfeltourist auf die Idee, ein Kreuz zu spenden. Damit stand vor der Bergführerschaft und der Bergwacht die lange aufgeschobene Aufgabe, auf dem Berg ein Kreuz aufzustellen. Doch selbst da gab es noch Grund genug, zu zögern. Hatte doch der Gast, unbedacht gegenüber den lokalen Verhältnissen, ein großes Aluminium-Kreuz gespendet. Die Männer der Bergwacht und die einheimischen Bergführer waren sich schnell einig, dass diese Konstruktion dem enormen Druck von Schnee, Eis und Wind in mehr als dreieinhalbtausend

Meter Höhe nicht standhalten würde. Allerdings, – zurückgeben wäre auch nicht sensibel gewesen.

Also musste das Kreuz zuerst einmal aufgearbeitet werden. Das Aluminium wurde mit Lärchenholz und Eisen verstärkt, damit das Kreuz der extremen Witterung standhielt. Und dann erst die Aufstellung: Metertief musste das Gipfeleis aufgehackt werden, eine Arbeit von Tagen und Wochen, bis schließlich erst einmal die Voraussetzungen für die Einarbeitung eines Sockels aus einer Stahlplatte und Lärchenbohlen gegeben waren.

Doch mit der einmaligen Aufrichtung des Kreuzes war es, anders als bei anderen Bergen, hier nicht getan. In dieser Höhe ist das Eis, in dem das Kreuz verankert ist, ständig in Bewegung. Als einmal mehrere Jahre aufeinander folgten, in denen der nachhaltige Oktoberschnee mager und die Sommer warm und trocken waren, ragte der Sockel mit gut eineinhalb Metern aus dem Eis heraus, und das ganze tonnenschwere Gestell drohte über die Nordwestkante in die Tiefe zu stürzen. Der Berggeher sah sich die Sache eine Weile mit an. War er es doch, der immer wieder, gleich zu welcher Jahreszeit, auch bei extremen Verhältnissen, wo im Winter das Kreuz mit meterlangen Eisnadeln und -fahnen ein malerisches Objekt für Fotografien bot, die er bei einsamen Besteigungen machte und die sich hernach im Tal allgemeiner Bewunderung und Beliebtheit erfreuten, – war er es doch, der das Kreuz immer wieder besuchte, mit Pickel und Schaufel Hand anlegte, um es, falls nötig, fürs Erste zu stabilisieren.

Er nutzte die Gelegenheit eines der Bergführerstammtische, um mit der Faust auf den Tisch zu hauen. Was sie nun wollten, die Kollegen? Wenn sie weiter ein Kreuz auf dem höchsten und meistbesuchten Gipfel haben wollten, müssten sie auch etwas dafür tun, dann müssten sie sich noch einmal zusammenrotten, um das ganze Gestell mindestens einen Meter tiefer zu legen. Eine Mordsarbeit, das wusste jeder. Wenn sie das nicht wollten – schließlich habe es ja, wie er sich noch gut erinnern könne, auch eine Zeit gegeben ohne Kreuz, und das ging auch –, sollten sie aber so ehrlich sein und das Kreuz einfach über die Kante hinunterkippen, und fertig. Auf seinen Fotos, die vieltausendfach verbreitet waren, würden nachkommende Bergtouristen allerdings sehen, was für einen spektakulären Anblick das Kreuz immer wieder einmal geboten habe. Und zudem, wie sei es denn mit den weniger Ortskundigen, die an dem schmalen Grat kurz vor dem Gipfel ankamen, womöglich bei Nebel, und denen die minimale Orientierung durch den Anhaltspunkt fehlen würde, den das Kreuz doch immerhin biete?

Und sie haben sich noch einmal aufgerafft und sind hinauf und haben geschuftet und das Kreuz stabilisiert, so dass wieder für eine Reihe von schneereichen Jahren Ruhe war.

Ein Berg, auf den viele gehen, gerät leicht in den Ruf, ein leichter Berg zu sein. Der Geher spricht immer wieder über die notorische Unterschätzung des Berges. Ja, so er, solange schönstes Wetter herrscht, solange der Schnee fest ist und die Spalten gut zu sehen sind, könne sich jeder Hans und Franz rühmen, den angeblich leichten Berg zu bezwingen. Doch wehe, wenn die Verhältnisse, wie es an den meisten Tagen des Jahres in der Höhe der Fall ist, nicht so sind und die Leute einfach losmarschieren, einer Seilschaft folgen, die sich im Nebel verliert, keine angemessene Ausrüstung haben, dann fordert der Berg wieder einmal Tote. Immer wieder einmal verschwindet jemand in einer Spalte, auch auf diesem angeblich so leichten Dreitausender.

Dann ist auf einmal Ruhe und der alltägliche Wahnsinn im Massentourismus hält für einen Augenblick den Atem an. Ach, was schon alles vorgekommen ist. Mit Sandalen sind sie losgegangen, weil es ja gleich oberhalb der Hütte nach dem Frühstück auf den Gletscher geht und weil dieser so schön flach aussieht. Neulich ist jemand mit dem Fahrrad hinaufgefahren. Der Berggeher benutzt in diesem Zusammenhang das Wort von einer Ehrfurcht, die den Leuten fehle, – ein altmodisches Wort, wie den Jüngeren leicht vorkommt, aber ein treffendes Wort, da es doch die immer passende, zur Vorsicht mahnende Furcht am Berg mit der Ehre verbindet, die es darstellt, einen solchen Gipfel besteigen zu dürfen. Doch wer denkt und empfindet schon so?

Der Geher war in seinem hohen Alter schon länger nicht mehr dort oben. Wozu auch? An diesem Berg hat er in sechzig Jahren Bergführerschaft alles sehen können, was es dort zu sehen gibt. Eine größere Unternehmung kommt nun, da die Knochen schmerzen und das Herz einen bedächtigen Schlag tut, ohnehin nur in Frage, wenn alles stimmt: Wetter, Tagesform und vielleicht eine angenehme Begleitung, die den geschundenen Rücken von einem Teil des Gepäcks entlastet. Wenn einmal ein solcher Tag kommt, würde der Geher nicht diesen Gipfel wählen, nicht den höchsten, sondern eine der anspruchsvolleren und viel verschwiegeneren Routen, die er in seinem langen Bergführerleben ausgemacht hat. Auf einer solchen Route erreicht der Berggeher gewiss einen Punkt, von dem aus sich der Blick eröffnet auf den Höchsten. Von ferne tritt die „weltalte Majestät" des Berges so recht hervor, und das geübte Auge erkennt bei klarer Luft genau, wie viele Seilschaften sich hinaufschieben und ihr Glück suchen auf diesem Berg der Berge.

* * *

Die Alte wollte noch einmal auf den höchsten Berg, auch wenn sie schon hoch in den Achtzigern war, – oder eben gerade deswegen. Der Geher kurierte zu der Zeit eine schwere Verletzung aus. Was hatten sie nicht alles gemeinsam unternommen über Jahrzehnte. Es gab buchstäblich keinen nennenswerten, und besonders keinen weniger bekannten Gipfel in der Umgebung, den sie nicht bestiegen hätten. Die Leute redeten schon, aber lass sie reden. Die Alte ist wieder da, war sie nicht erst vor ein paar Wochen im Tal? So sprachen sie untereinander, wenn das Moped vorbeifuhr, die Alpenstange vorn und hinten weit vorragend und sie auf dem Hintersitz. Für sie war es kein Problem, aus ihrer reichlichen Pension einen Bergführer zu bezahlen. Und nun kam sie und wollte noch einmal ganz hoch hinaus und ging, als er ablehnte, ins Bergführerbüro und wollte einen Anderen anheuern. Es fand sich keiner. Seit diesem Tag war sie im Tal nicht mehr gesehen worden.

Glück und Unglück

Das Seil lag rot auf weiß wie eine endlose Riesenschlange im Schnee auf dem Plateau vor dem Steilabsturz, der abwärts noch gefährlicher war als aufwärts. Immer wieder das Bild dieses sinnlos langen Gewirres, ohne sichtbare Ordnung, überhaupt nicht schön aufgenommen und zusammengelegt, wie es die Fachleute fast automatisch tun am Ende des Abschnitts einer großen Tour. Und dann die plötzliche Bewegung am einen Ende der Schlange, als wollte sie fliehen oder zustoßen.

Es war kein tiefer Schlaf, in den sich das Bild immer wieder drängte, eher das Wegdämmern nach einer übergroßen Anstrengung. Draußen hatte tiefste Nacht längst alle Spuren des Dramas in gnädiges Dunkel versenkt. Da pochte es an die Tür im Erdgeschoss, bestimmt, dann heftiger. Der Gendarmeriebeamte im Schein der Hauslampe sprach von der Notwendigkeit, noch einmal hinauszufahren in die Stadt und die Aussage zu protokollieren. Hinausfahren? Nach fünfzig Stunden ununterbrochener schwerster Rettungsarbeit, mitten in der Nacht? Vielleicht könnte man ja das Protokoll auch hier, in der Wohnung des Bergführers aufnehmen. Nein, die Schreibmaschine sei nicht beizuschaffen, er müsse schon mitkommen.

Und dann noch einmal die ganze Geschichte. Nein, es seien nicht seine Gäste gewesen. Seine Männer, die er am Seil hatte, seien wohl Zeugen der Tragödie geworden. Gekannt habe er den Mann wohl, – gewiss doch, lange Jahre schon, schließlich habe jener als Mitglied der Sektion des alpinen Vereins immer wieder Touren im Gebiet unternommen, – ja, auch mit ihm. Sie seien an diesem Tag hinter ihm dreingegangen, ja, aber das habe er doch schon den Beamten bei der ersten Einvernahme gesagt. Aber jene beiden sind ja vor ihnen aufgebrochen von der Hütte und auch vom Gipfel vor ihnen abgestiegen.

Wie groß die Augen eines Menschen im Tod sein können. Ein ärmlicher, zerschundener Körper, doch die Augen, wie eine einzige Frage, die nicht mehr richtig gestellt, noch weniger beantwortet werden kann, schauen ganz groß aus einem durch den Sturz grausam entstellten Gesicht. Ich weiche nicht mehr von deiner Seite, keinen Millimeter, hatte sie noch auf dem Gipfel gesagt, nachdem ihr Mann und sie diesen sehr verspätet und völlig erschöpft erreicht hatten.

So geh schon zu! Das hatte er plötzlich gesagt. So geh schon zu! Die Frau stand ganz vorn an der Kante. Alles wäre recht einfach vonstatten gegangen nach allen Irrungen. Denn sie hatten ja schon für die Überquerung der Randkluft auf dem Hinweg Stunden verbraucht, sich im steilen Eisfeld, an dessen oberen Rand sie nun wieder standen, fast in die Felsen hinein verirrt, auch wenn die Spuren der vorangehenden Seilschaft kaum zu übersehen waren. Aber solche Fehler sollten nun nicht mehr passieren. Der Bergführer würde, während alle auf dem sicheren Plateau warteten, vorangehen und eine Reihe von Tritten aushacken, in dem auch der Mann und die Frau sicher nach unten gelangen würden.

Doch nein – So geh nur zu! Die Frau über die Kante gehen sehen, das an ihm vorbeischlängelnde Seil fassen, den Ruck spüren in Richtung Abgrund und die Festigkeit der Verankerung am eigenen Seil nach hinten auf den Boden des Plateaus, war eins. Kopfüber rutschte ihr Körper die ersten Meter hinab, dann gab es jenen Ruck, und plötzlich ließ die Spannung am Seil nach. Die Frau flog ein paar Meter durch die Luft und war nicht mehr zu sehen.

Seilschlange und große Augen, immer wieder. Telefon für dich. Im Fenster schon die Helle des nächsten Tages. Ein Bekannter von der Behörde. Wenn du jetzt nicht acht gibst, bist du dran. Wieso? Wieso dran? Wieso ich? Das Protokoll letzter Nacht stimmt nicht mit deiner Erstaussage überein. Mehr kann ich nicht sagen. Das Telefon klingelte schon beim Auflegen wieder. Staatsanwaltschaft, eine weitere Einvernahme ist nötig.

Das Hinterdreinschleichen ist überhaupt eine Pest. Am besten, man würde es grundsätzlich verbieten. Oh, wären mir diese Menschen nie begegnet! Und wie er sich angestellt hat. Das große Wort führen wie all diese selbsternannten Alpinisten, dann nichts zustande bringen, sich verirren, die Frau völlig entkräften, und dann diesen Satz hervorstoßen neben diesem sinnlosen Seilhaufen: So geh doch zu! Und dann sich auch noch hinterherstürzen wollen. Nur unter Aufbietung aller moralischen Kraft, mit leiser wie mit lauter Stimme, gelang es, den Mann zu hindern und ihn in der Obhut der Männer zu lassen, die immer noch oben auf dem Plateau warteten, während der Bergführer hinabstieg, um die traurigen Überreste der Frau zu suchen.

Ein richtiges Unglück strebt nach Unendlichkeit. Zuerst einmal müssen die Männer in Sicherheit gebracht werden. Dann jammert der Mann und lässt nicht locker, bis der Geher noch einmal loszieht die endlose Strecke hinüber an den Wandfuß und gemeinsam mit den inzwischen eingetroffenen Helfern, die, wie es genannt wird, sterblichen Überreste seiner Frau zu bergen. Als alles vorüber war, waren fünfzig Stunden vergangen.

Es war eben nicht alles vorüber. Zwei Blätter Papier lagen auf dem Schreibtisch des Staatsanwalts. Haben Sie nun das Seil der Toten geknüpft oder nicht? Wie, – geknüpft? Nun, im Protokoll der Erstbefragung vor Ort heißt es, die Frau sei angeseilt gewesen, in Ihrem

Protokoll von Mitternacht des darauffolgenden Tages steht aber, Sie hätten das Seil am Platz über der Steilwand zur Hand genommen – das bedeutet ja wohl, dass Sie die Frau angeseilt haben.

Alpträume, nicht nur in jenen Tagen, sondern später immer wieder. Schlangen, Seile, Augen, Schlangen um den Hals, langsam ziehen sie sich zu, die Augen werden immer größer. Da ist jemand für dich. Es ist ein Jahr später. Der Mann steht vor der Tür des elterlichen Hauses. Du wirst ihn doch wohl nicht hereinlassen. Zuerst einmal sehen, was er will. Ob der Geher ihn noch einmal hinaufführen würde an dieselbe Stelle, zum Jahrestag und wegen des Gedenkens. Die Eltern standen beide gleichzeitig vom Tisch auf und wandten sich ab.

Warum nicht, eine Führung eben. Komm einmal heraus, wir müssen reden. Die Mutter schaut dem Geher eindringlich in die Augen. Hast du schon alles vergessen? Das Verfahren vor dem Schwurgericht, wie sie dich fast eingelocht hätten, nur wegen der Gutmütigkeit, denen zu helfen ohne Auftrag und ohne irgendein Geld, dann die Wende durch deine Aussage, es sei schon auf dem Hinweg zu beobachten gewesen, dass die Frau sich immer an das Brustgeschirr fasste und daran zurrte und zog. Vermutlich habe etwas mit dem Knoten nicht gestimmt und sie hat diesen solange gelockert, dass er sich beim Sturz löste. Dann war der Mann dran und musste einsitzen – durch deine Aussage. Und jetzt willst du ihn führen? Was der wohl vorhaben mag?

So sehr hat er gebeten und gebettelt, dass sie loszogen. Tatsächlich sind sie bei besten Bedingungen wieder an die Stelle gelangt, wo die Frau ein Jahr zuvor über die Kante in die Felsen gestürzt war. Der Mann nestelte aus dem Rucksack ein kleines Kreuz mit einer Inschrift und einem Bild. Beides befestigten sie an einer geeigneten Stelle. Auf dem Rückweg von dieser gespenstischen

Tour kehrten sie, wie es üblich war, in der Hütte ein. Als der Bergführer aus der Kuchl wieder ins Freie trat, war von seinem Gast weit und breit nichts mehr zu sehen. Weder ihn noch sein Geld hat der Bergführer je wieder gesehen. So sind sie, die feinen Herren aus dem Industrierevier, und so entgelten sie deine Gutmütigkeit.

Dieser verdammte, dieser große Berg. Hier begann der Geher seine Laufbahn, hier wäre er fast zu Tode gekommen. Das Wort „Schicksalsberg", oft gedroschen von den Himalaya-Journalisten, kommt nicht über seine Lippen. Die kritische Passage ist immer wieder die Eiswand von fünfzig Grad. Wie gut, wenn es festen Firn hat und man einfach hinaufsteigen kann. Aber mitunter fangen am Wandfuß schon die Schwierigkeiten an. Wie gelangen die Gäste vom Eis auf den Fels hinüber? Und wehe, wenn ein halber Meter Neuschnee drinnenliegt und über den Köpfen der Bergsteiger eine bald zehn Meter überhängende Wechte ragt. Da hat er schon oft ein Loch gebohrt durch die Wechte, damit die Seilschaft auf das Plateau und weiter zum Gipfel gelangen konnte.

Es war ein solcher Tag, als es geschah. Er war mit einem Gast unterwegs, viel mehr nimmt man ohnehin nicht mit auf eine solche Tour. Oberhalb bewegte sich schon eine Seilschaft. Ausweichen geht nicht in diesem Gelände. Als die Lawine, von denen oben ausgelöst, kam, waren sie auf dem Weg mitten in der Flanke. Es riss sie hinab, weiter über die Felsen, die nicht zu vermeiden waren, da die Flanke leicht schräg in der Wand verläuft. Er spürte die Aufschläge auf dem Fels und verlor das Bewusstsein. Wie lange sie unten am Wandfuß gelegen hatten, war nur im Nachhinein zu berechnen.

Wie durch ein Wunder konnte sich der Gast, dem wenig passiert war, selbst befreien. Er begab sich auf die Suche nach seinem Bergführer. Den hatte es noch ein Stück weiter hinuntergetragen, auch er konnte sich schließlich aus den Schneemassen befreien. Rühren konnte er sich aber kaum, an Gehen war nicht zu denken. Der ganze Körper bestand nur noch aus Schmerzen. Bei jedem Atemzug durchfuhr ein stechender Schmerz den ganzen Körper. Der eine Arm hing unbeweglich herab, die Schulter war offenbar zertrümmert. Mehrere Rippen waren mehrfach gebrochen, hatten sich in die Lunge gebohrt.

Den Bergsteigern, die über den beiden offensichtlich die Lawine ausgelöst hatten, konnte das Unglück nicht verborgen geblieben sein. Gewiss würden sie, zumindest einige, sofort herabsteigen, um Hilfe zu leisten. Nichts dergleichen geschah. Da half kein Hilferuf, kein Schmerzens- oder Wutschrei, die beiden Verunglückten waren auf sich gestellt. Dem Leiter der Bergrettung über Jahrzehnte war die Hilfe versagt, die er anderen vielhundertmal geleistet hatte. Das Gericht konnte niemandem ein Verschulden nachweisen. Dabei hatten die Schuldigen die Stirn, wenige Minuten vor der Hütte den Schwerverletzten zu überholen, noch Bemerkungen hinzuwerfen von der Art, es gehe doch schon wieder besser, sofort nach ihrem Eintreffen in der Hütte die Hüttenbücher aufzuschlagen, um die eigenen Namen mit schwarzem Filzstift unleserlich zu machen.

Sie machten sich also auf den Weg. Aber wie weit sie vom rettenden Stützpunkt, von der Hütte entfernt waren! Gute Geher hätte in gesundem Zustand vom Gletscherboden unter dem großen Berg zweieinhalb Stunden gewiss gebraucht. Aber war in dem Zustand überhaupt an einen Rückweg zu denken? Der Geher konnte seinen Rucksack nicht mehr selbst tragen. Um überhaupt eine Bewegung machen zu können, mussten sie mit vereinten Kräften den leblosen Arm vor dem Leib festbinden. Es sollte die längste Wanderung seines Lebens werden. Wie oft er stehenblieb, halb ohnmächtig vor Schmerzen, wie oft er zu seinem Gast sagte: Ich bleibe hier, lass mich sterben, geh du zurück, weiß er nicht mehr. Aber eins ist sicher: Sooft er als Bergretter anderen Kraft und Mut zusprach, so war es hier der Gast, der ihn immer wieder dazu brachte, sich doch noch einmal aufzuraffen und einfach weiterzugehen.

Er weiß bis heute nicht, wie er den langen Weg über den spaltenreichen Gletscher, übers Törl und hinab zur Hütte hat schaffen können. Es waren Stunden um Stunden. Mit letzter Kraft schleppte sich der Berggeher in die Küche, wo die wohlbekannte und beliebte Hüttenwirtin stand. Bis ins Mark erschrocken begrüßte sie ihn mit den Worten: „Ja, wie siehst du denn heute aus?" Der Geher, der wohl spürte, dass er innerlich verblutete, darauf: „Ich werde nicht mehr lange aussehen." Als der Rettungshubschrauber über das Elternhaus flog, sahen die Geburtstagsgäste des Vaters im Fernsehen eben die Nachricht, der bekannte Bergführer sei am großen Berg schwer verunglückt und werde mit Verletzungen unbekannten Grades ins Krankenhaus gebracht.

Nach Monaten mit mehrfachen Operationen, nach Wochen der Zweifel, ob er den Beruf je wieder würde ausüben können, machte sich der Geher nicht lang nach seiner Entlassung auf den Weg. Vom Haus weg sind es auf einen 3.300 Meter hohen Berg 2.000 Höhenmeter. Der Arm auf der Seite der zerschlagenen Schulter war fest an den Körper bandagiert, für einen Stock blieb nur die andere Seite. Seine Taten dieser Art sind im Tal sprichwörtlich geworden. Als er mit fast siebzig Jahren bei einem schweren Skiunfall beide Unterbeine gebrochen hatte und nach Monaten der Rekonvaleszenz ins Tal zurückkam, stand er wenig später am Gipfelkreuz in fast 3.700 Meter Höhe. Hier hatte er wohl um die viertausend Mal gestanden. Aber diesmal war es doch etwas Besonderes. Die anderen Bergführer sahen ihn über das Gletscherdach gehen mit zwei Unterarmkrücken, an die unten zwei Teller montiert waren, damit sie nicht in den Schnee einsanken.

Die Fotos, welche die Ärzte von seinen Verletzungen nach der Operation gemacht hatten, lagen immer griffbereit in der Schublade. Immer wieder holte er sie heraus und sprach mit Bewunderung davon, was die Ärzte heutzutage alles zustande brächten. Die blutigen Kochen kontrastierten auf die merkwürdigste Weise mit den chromblitzenden Schienen mit den neun, wie er immer wieder nachzählte, – neun Schrauben, die alles zusammenhielten. Als sollten die Bilder einer gelungenen Wiederherstellung seiner Berufswerkzeuge alle Schmerzen und alle Mühen übertrumpfen, die er aufzuwenden hatte, um wieder gehen zu können, und das auch noch auf die höchsten Berge. So etwas schaut sich nicht jeder gern an. Aber muss man nicht in der Lage sein, diese Bilder einmal rein technisch anzuschauen, so wie er selbst bei der Operation zugeschaut hatte? Ihm machte das nichts aus, wie oft hatte er doch Blut und Knochen vor sich gesehen, zupacken müssen, weil es zu den Aufgaben eines Bergretters gehörte.

So gerät ein Bergretter in die Rolle des Arztes, der auch zwischen der technischen Behandlung des Körpers und der zugewandten, mitfühlenden Zusprache schwankt. Einmal muss er mehr die eine, dann wieder die andere Rolle spielen. Was könnte ein Bergretter ausrichten, der beim Anblick der zerschundenen Körper in Verzweiflung gerät und sich selbst und andere in Gefahr bringt? Mitunter kippt die Stimmung, um weitermachen zu können und die jungen Männer wieder nach Hause zu bringen, ungewollt in Zynismus um. So beim Einsatz für einen Bergsteiger, der sich in Unkenntnis auf dem Weg auf einen Dreitausender im steilen Gelände völlig verstiegen hatte.

Die anderen hatten schon umkehren wollen. Doch der Geher war weit in Richtung des Gipfels aufgestiegen, in eine selten begangene Flanke eingestiegen und hatte dort Spuren entdeckt, aber keinen Menschen. Im Abstieg, in der Nähe des Bergsees weit unterm Gipfel, traf er einen Kameraden. Bevor auch sie zurückkehren würden, warfen sie noch einmal einen Blick in die unwegsame steile Flanke hinauf, und tatsächlich sahen sie dort einen bunten Fleck. Das könnten Ausrüstungsgegenstände eines Bergsteigers sein. Also haben sie die anderen wieder heraufgeholt, und ein kleinerer Trupp stieg wieder hinauf in die Wand, um den Menschen zu bergen. Das gestaltete sich schwierig, wie häufig in solchen Fällen. Sie fanden schließlich tatsächlich die Überreste des Mannes, der offensichtlich in die Wand gestürzt war. Teile des Körpers, so der Kopf, lagen verstreut auf der Absturzspur. Kein einfaches Geschäft, die Teile zusammenzuklauben und in einen immer mitgeführten Sack zu packen.

Am Ende saßen sie über einer gerölligen Kante. Wie also nun sollten die sterblichen Überreste des Toten geborgen werden? Hinab war es für sie zu gefährlich, hinauf eine endlose Plackerei für die Männer, die schon viele Stunden unterwegs waren. Also werfen wir ihn halt hinunter, redeten sie so untereinander. Gesagt, getan. Allerdings hätten sie sich nicht träumen lassen, dass die Worte über das versehentlich nicht ausgeschaltete Funkgerät im Tal und darüber hinaus an den Rettungsstationen der gesamten Region mitgehört wurden. Dazu sollte es bei Rückkunft mehr als einen Kommentar geben.

Der Geher ist hart geworden durch das Unglück, das anderer wie das eigene. Er gibt aber zu verstehen, dass er, was die schweren Unfälle betrifft, doch immer wieder auch Glück im Unglück gehabt habe. Jeder dieser Wechselfälle hätte den Tod oder das Ende seines Berufslebens bedeuten können. Vor allem ist ihm eines erspart geblieben, das ein Bergführerleben ins Unglück stürzen kann: schwerste oder gar tödliche Unfälle seiner Gäste. Umsicht, Erfahrung und die Verachtung jedes Draufgängertums haben ihn wohl davor bewahrt.

* * *

Was tut ein Bergführer, wenn die Knochen und das Herz nicht mehr mitspielen? Wer wird einmal das Vaterhaus übernehmen und ihm das tun, was er dem Vater tat? Da war der Lieblingsneffe, mit dem er mehr als einmal unterwegs war. Als die Nachricht kam, stand er auf dem höchsten Gipfel, wo ein Jubiläum der Erstbesteigung gefeiert wurde. Einige hatten sich schon auf den Abstieg begeben, als ein Bergführer an ihn herantrat: Ob er denn schon gehört habe, was geschehen sei? Der Neffe hatte sich im Tunnel an einem Pfeiler zu Tode gefahren. Es hat lange gedauert, bis sie den Geher bewegen konnten, nicht dort oben zu bleiben.

Die einsamen Gipfel

Ein Morgen vor einer großen Unternehmung erzeugt immer zwiespältige Gefühle. Da ist das frühe Aufstehen, häufig nach wenig Schlaf auf einer hochgelegenen Schutzhütte. Ob die Kräfte überhaupt reichen werden, so mittelmäßig, wie man sich fühlt? Mancher mag kaum frühstücken, es muss aber etwas gegessen werden, wer könnte schon ohne etwas im Magen zu haben losgehen und nicht bald zu schwächeln anfangen? In den Gastraum fallen halb unwillig, kaum durch wenige zwecklaunige, immer etwas zu laute Clowns widerlegt, all jene unausgeschlafenen Menschen mit ihren noch ungeölten Bewegungen, als wollten sie sich gegenseitig durch lautes Stühlescharren, Geschirrklappern und halb unterdrückten Schleimauswurf von der Reizluft im Gebirge den Mut nehmen.

An einem solchen Morgen am zweiten Tag einer Hochtourenwoche fragte einer der Gäste, strammer Bergsteiger von der Art, die schon beim Betreten des Raumes ihr Nordwandgesicht aufgesetzt haben, beim Aufstehen vom Frühstückstisch, wo es denn heute hingehen solle. Als der Name des Berges fiel, fragte der andere nach: Wohin? Ungläubiges Lachen und im Hinausgehen die rhetorische Frage, wo das denn sein sollte.

Wer immer von der kleinen Stadt draußen an der Fernstraße das Tal hinauffährt, sieht taleinwärts einen markanten Gipfel, eine Felspyramide mit senkrechtem Relief, die sich farblich mit ihrem hellen Braun von der Umgebung deutlich abhebt. Das ist der nämliche Berg. Berge, auf die man von unten täglich sieht, sollte man einmal bestiegen haben. Das wird für die Gäste des Gehers zu einem Kriterium, nach dem Tourenziele ausgewählt werden. Und in der Tat, warum sollte nicht der Blick in die Runde, die Wahrnehmung der Landschaft mit den bergsteigerisch-sportlichen Zielsetzungen zusammenhängen? Schließlich ist das Berggehen, wie das Gehen allgemein, eine Art und Weise, sich die Welt zu erschließen und zu erfahren. Wie mag sich der Punkt von oben darstellen, von dem aus ich diesen beeindruckenden Gipfel sehe? Wird er überhaupt auszumachen sein? Und wird, umgekehrt, das Gipfelerleben irgendeinen Zusammenhang herzustellen erlauben zwischen dem tagtäglichen Anblick der markanten Gipfelgestalt und dem Blick in die Weite und die Tiefe, der sich von oben bietet?

Ob der forsche Bergsteiger, der bei Nennung des Namens die Nase rümpfte und dem gewiss die großen Namen der überregional bekannten Berge sofort etwas gesagt hätten, irgendeine Vorstellung davon hatte, wie dieser unbekannte – und folglich unbedeutende – Gipfel zu erreichen wäre? Ob er auch nur ahnte, dass sich die Tour auf den Paradeberg über der Schutzhütte gegenüber einer Besteigung der so unbekannten Spitze als eine reine Routinesache herausstellen würde? – Was kann sich der Bergführer über derartige Sprüche aufregen, die von der verbreiteten Verblasenheit und Ignoranz der Möchtegern-Alpenkenner kündet! Doch einmal von der alpinistischen Herausforderung abgesehen – was für eine Tour! Vom Hüttenberg, fünfhundert Meter über der Hütte, gilt es zunächst einmal wieder dreihundert Meter abzusteigen, um sich in eine wilde „Mondlandschaft“ zu begeben, wo die Gäste aus dem Staunen über Gletscherschliffe, dazwischen eingelagerte kleine Seen, über die farbenprächtigen Moose und Blumen gar nicht mehr herauskommen. Nach einigem Auf und Ab gelangen die Bergsteiger unter einer Felswand, über welche der Gletscher einst herabstürzte, auf das Kees, das eine knappe Stunde überschritten wird, um auf eine Scharte zu steigen, von der aus der eigentliche Anstieg zum Berg zu bewältigen ist. Ein völlig anderes Gestein, das auch auf anderen Gipfeln des Gebiets vorkommt und sich viele Kilometer durch die Gebirgsgruppe zieht, sogenannte Bratschn, kommt hier bis zu Sand zerbröselt vor. Das Gelände verändert sich jedes Jahr. Wer zum Gipfelaufbau zu gelangen sucht, hat einige Mühe, in dem sehr steilen südseitigen Hang Halt zu finden und sich, streckenweise auf allen Vieren, wieder zum festeren Fels vorzuarbeiten.

Sitzt man einmal auf der dem Tal zugewandten Spitze des Doppelgipfels, so ist einem eine der interessantesten Unternehmungen in dieser Region geglückt. Gewiss, an einem Bergsteigerstammtisch im Ötztal oder unter dem Matterhorn wird man mit dem Namen des Berges nicht viel Eindruck schinden können. Aber was zählt das gegen die Bilder und Gefühle, die einen durchströmen, wenn man an einem der kleinen Schmelzwasserflecken auf weichem Moos lagert, die Tour innerlich Revue passieren lässt und still bei sich denkt: Die paar hundert Meter Gegenanstieg auf den Hausberg der Hütte schaffen wir auch noch, nachdem alles andere ohne Blessuren gut ging.

Es gibt sie noch, die großen und einsamen Wege dicht am hochtouristischen Getriebe. Die meistbesuchte Schutzhütte, Anfang des 20. Jahrhunderts von den alten Bergführern des Tals erbaut, erschließt das größte Gletscherrund der Gegend mit den meisten Dreitausendern. Nach dem Zweiten Weltkrieg hat die Alpenvereinssektion einer deutschen Industriemetropole ihr Arbeitsgebiet vom schwer zugänglichen Tal unterm großen weißen Berg hierher ausgedehnt und die Hütte stark erweitert. In guten Wintern kam es vor, dass bis zu dreihundert Skitourengeher die Hütte stürmten.

Anderthalb Stunden nach Verlassen der Hütte trifft man keinen Menschen mehr. Gleich hinter einem reißenden Gletscherbach geht es steil hinauf, zuerst über Gras, dann in den Fels. Der Bergführer nimmt hier wenig Erfahrene ans Seil. Wer von der anderen Seite des Tales hier herüberblickt, sieht, wie die steilen Wiesenhänge wenige Meter unterhalb in senkrechte Felswände übergehen. Hier haben sie, so der Bergführer, schon Familien mit kleinen Kindern herausgeholt, die „mal eben" den Übergang zur benachbarten Hütte im anderen Tal machen wollten. Dazwischen liegt aber ein ganzer Gebirgsstock.

Auf der Wiesenkante über der Wand, die zum Gletscher mehrere hundert Meter abbricht, heißt es erst einmal verschnaufen vom kräftezehrenden Steilaufstieg. Von hier aus geht der Blick über alle Gipfel des Tales und reicht hinüber zum höchsten Berg der Gruppe. Seine Eiskappe zeichnet sich in der Morgensonne über der blauschwarzen Westwand ab, wie es selten zu sehen ist. Hier war es auch einmal, dass der Geher mit seiner Seilschaft eines der Naturschauspiele erleben durfte, wovon man höchstens einmal im Leben Zeuge wird. Der Trog unterhalb der Wand, über die der Blick in die Ferne geht, war damals mit heraufwallendem Nebel gefüllt, durch den die Sonne von Osten gleißte. Sie zeichnete in den Nebel einen einem Regenbogen sehr ähnlichen Kreis, der wohl um die fünfzig Meter im Durchmesser maß. Doch damit nicht genug, diese „Brockengeist" genannte Erscheinung spiegelte die naturgetreuen Konterfeis der staunenden Betrachter in eben diesem Kreis, wobei aber für jeden nur das eigene zu sehen war.

Als die Wanderer sich nach kurzer Rast erheben, liegt halb links vor ihnen eine ganz von der bekannten Doppelpyramide mit ihren wild herabstürzenden ockergelben Wänden bestimmte Kar-Landschaft mit ständig wechselnder Farbe des Gesteins. Aber wo geht es lang? Der Bergführer weiß, wo die Steinmanderln stehen und erkennt sie daher auch in dieser Mondlandschaft. Er hat sie selbst aufgestellt. Alle zwei Kilometer vielleicht irgendwo ein roter Strich an einem Fels.

Das Bundesheer hat ihm einmal ein paar Männer zur Verfügung gestellt, sie stiegen die Route hinter ihm her und traten eine Steigspur. Und warum sollte es dabei nicht bleiben? Die nach ihm benannte Route ist wohl eine der eindrucksvollsten hochalpinen Durchquerungen eines ganzen Gebirgsstocks in diesem Teil der Alpen, eine Route, kein Weg. „Weg“, „Steig“, „Route“ – die Wörter bezeichnen Freiheitsgrade der Bewegung in der Natur. Der Berggeher vermag es, sich wie ein Jäger, selbst bei plötzlich eintretendem Nebel, frei im Gelände zu orientieren. Wer die von ihm entdeckte Route in einem bis anhin nur von Hirten und Jägern begangenen Gelände durchwandert, empfindet etwas von jener Freiheit. Fremde können sie nur teilen, wenn sie auf ihre selbstherrliche Ausübung verzichten. Sie vertrauen sich besser einem einheimischen Bergführer an.

Um die Mittagszeit macht die Wanderschaft Pause in dem großen Hochkar, an dem größeren der drei Seen, danach verlassen sie den markanten Berg mit seinem hoch aufragenden Doppelgipfelanblick und steigen in Richtung eines weiteren Dreitausenders hinauf. Hier wird wieder angeseilt. Kommt man oben über die Bergkante, da stürzen die Wiesen- und Schutthänge mit fünfzig, sechzig Grad tausend Meter hinab ins Nachbartal, welches die Quelle des beherrschenden Flusses der Region beherbergt. Zugleich steht plötzlich, dass es einem fast den Atem verschlägt, der schönste Berg der Hohen Tauern, der große weiße Berg vor einem in seinen gewaltigen Ausmaßen und mehrfachen Eis- und Felsaufschwüngen.

Nach aller Vielfalt, die der Kurs bis hierher schon zeigte, wartet er noch einmal mit Überraschungen auf. Hoch über dem Tal, auf einer Geländeterrasse steht ein prähistorisches Steinungeheuer, wie eine riesige Krake: mehrere Fangarme aus Eruptivgestein geformt und von den Schmelzwassern der Jahrtausende freigelegt und ausgewaschen. Im Abstieg zur Hütte heißt es allermeist anzuseilen, ein falscher Tritt in diesen fast senkrecht abfallenden Wiesenhängen mit Schuttpassagen – und mit der Schönheit des Erlebnisses wäre es vorbei. Nicht auszudenken, wenn hier nicht die herrlichste Blumenpracht, sondern vereister frühsommerlicher Firn die Hänge bedecken würde und Besucher der Hütte „so eben mal“ auf diesen „Weg“ gingen!

Touristen können sich kaum vorstellen, welche Fragen die Nutzung einer solchen hochalpinen Route aufwirft. Alpenvereine und Tourismus-Manager wollen sie groß herausstellen, weil sie gut ins Konzept passt. So findet sich auf einmal in einer Wanderkarte ein roter Strich, der auf einen Weg verweist, den es nicht gibt. Wie vieler Ermahnungen der örtlichen Bergführerschaft bedarf es nicht, bis der Strich wieder aus der Karte gelöscht ist! Und wer will schon die Alternative, nämlich die Route als Weg auszubauen und somit auch dieses Stück Landschaft der Natur zu entreißen, deren Wildheit nicht wenige schätzend bewundern: Hirten, Jäger und echte Berggeher?

Welche Talseite ist wohl die interessantere für Bergsteiger? Wer den Geher erst kurze Zeit kennt, wird denken: natürlich die nördliche, wo die großen Dreitausender mit Eis und Schnee liegen. Doch wer dem Bergführer dann einmal die Frage stellt: Wo gehst du eigentlich lieber hin – auf diese Seite oder auf die andere Seite in Richtung der dunklen Berge und der weit entlegenen Hütte an einem Bergsee?, bekommt zur Antwort: nach Süden, in die einsameren Täler mit den einsameren und wenig begangenen Gipfeln.

Was sind nicht schon alles für schlaue Gedanken geäußert worden über den Gipfelwahn und die Übernutzung der Alpen! Lange bevor die selbsternannten Vordenker eines neuen, der Natur angemessenen Umgangs mit den Bergen vorschlugen, den Zugang zu den Massengipfeln gar zu beschränken, hat der Geher eine Art des Bergsteigens und -führens entwickelt, das, jenseits aller ökologischen Ziele, mehr Entdeckung als Gipfelsammeln, mehr Erlebnis als Prestige bedeutet.

Am Talende unterhalb der viel besuchten Wasserfälle weitet sich das Tal noch einmal zu einem beschaulichen Wiesenkessel mit zwei bewirtschafteten Almhäusern. Hierher pilgern im Sommer viele Wanderer, am Wochenende auch die Einheimischen. Hier windet sich neben den herabstürzenden Bächen ein Almsträßlein in Serpentinen die fünfhundert Meter messende Karstufe hinauf zum Oberleger. Früher gelangte man zu dem malerisch gelegenen Almhaus über einen schmalen und sehr steilen Steig. Von hier aus führen die Wege in die beiden Hochtäler, durch die man auf der Südseite des Gebiets in dreistündiger Wanderung zur schönstgelegenen Hütte an einem Bergsee gelangt. Der Geher zweigt jedoch vom Weg ab und zieht weglos auf den Rücken des Bergkammes hinauf, der sich von hier bis zu einer Einsattelung zwischen einem Bergkopf und einer knapp fünfhundert Meter hohen Wand hinaufzieht. In manchen Jahren geht man durch enorme blaue Felder von Eisenhut, der die Wiesenflecken zwischen den zu überschreitenden Gipfeln besiedelt. Und von diesen Gipfeln gibt es im Kamm einige, die sich immer schroffer und felsiger hinaufschwingen. Der letzte Gipfel vor dem

Kopf wird vielleicht, hat sich schon eine gewisse Müdigkeit eingestellt, mit einem Zwischenabstieg von guten hundert Höhenmetern, westseitig umgangen.

Auf dem höchsten Punkt der Wanderung, auf dem alpinistisch völlig unbekannten Kopf, trifft man wieder auf die interessante Kalkschicht, welche die Gebirgsgruppe von Osten nach Westen über etwa fünfzehn Kilometer durchzieht. Es kann gut sein, dass sich die Sonne schon senkt, wenn der Bergführer im Abstieg vom Karboden den markierten Weg verlässt und plötzlich links abbiegt, um seine Gäste in dieser hellen Gesteinsader durch eine Steilwand hinabzuführen, welche die Karstufe ins benachbarte Hochtal hinab bildet. Hier sind, wie man erfährt, bis nach dem Ersten Weltkrieg die Asbestträger hinabgestiegen, um den weiten Bogen abzukürzen, den der Normalweg beschreibt. Kennt der Bergführer die Gäste noch nicht gut oder sind die Steine etwas feucht, so wird er sie ans Seil nehmen, denn ein Fehltritt kann in diesem Gelände der letzte sein.

In einem Gebietsführer des Alpenvereins, der sorgfältig die Schwierigkeitsgrade und die alpinistische Bedeutung der Gipfel vermerkt, wird der interessierte Bergsteiger über diese Tour kaum zwei Zeilen entdecken. In der Natur gibt es an einem solchen Tag allerdings umso mehr zu entdecken: Blumen, Tiere, interessante Gesteinsformationen und ein Stück Geschichte des Lebens im Tal. Dabei kommt der anspruchsvolle Geher auf seine Kosten, unter 1.700 Höhenmetern, mit allem Auf und Ab, ist man nicht mit dabei, mehr als einmal müssen die Hände heraus aus den Hosentaschen, und am Abend weiß jeder, dass er oder sie etwas getan hat.

Von dieser Art Entdeckungsreisen hat der Geher einige auf Lager. Darunter sind auch solche, die echte geologische Entdeckungen einschließen. Auf dem Weg an der südseitig über dem Dorf gelegenen Alm vorbei zur

Weggabelung, wo es links zum namengebenden Dreitausender der Gruppe, rechts über eine viel begangene Scharte durch ein Hochkar zur Hütte am See geht, trifft die Gruppe von Bergsteigern einen Bauern aus dem Dorf. Er schaut nicht schlecht, als er den Bergführer mit zwei Krücken statt der gewohnten Alpenstange zügig daherschreiten sieht. Aus den Bergsteigersocken schauen an beiden Beinen die weißen Verbände heraus, die an den schweren Skiunfall erinnern, der erst drei Monate her ist. Im Sommer nach der Zertrümmerung beider Unterbeine geht der Bergführer mit Gästen, denen das fast peinlich ist, bereits wieder in Höhen weit über dreitausend Meter. In dem kurzem Gespräch bei der Alm kommt der Einheimische auf diesen See zu sprechen, den der Geher entdeckt habe. Der sollte doch da oben irgendwo liegen. Und er habe die Tage einmal versucht ihn zu erreichen, habe ihn aber nicht gefunden.

In der Tat, in der Zeitung hat es gestanden: Ein Bergführer aus der Region hat einen See entdeckt, der noch auf keiner Karte verzeichnet ist. In der Nähe des Törls, des früher viel benutzten Übergangs zwischen zwei Tälern der Hohen Tauern, soll er liegen – aber wo genau? – Die Gäste waren auf dem Weg zum „Mittagssee", wie der Entdecker ihn benannte, weil er, vom Dorf aus gesehen, genau unter der Sonne um zwölf Uhr mittags liegt. Wo der Weg zur westseitigen Scharte nach dem Aufstieg durch eine steile Wiesenrinne eine Rechtskurve beschreibt, da steigen sie linkerhand weglos in eine langgezogene Kar-Landschaft hinauf, in der noch reichlich Schnee liegt. Es geht über wild gemaserte Steine in Braun-, Ocker- und Schwarztönen, zwischen denen immer wieder Polster von Speik und, weiter oben, Gletscherhahnenfuß siedeln. Am Ende ist über größere Blöcke eine weitere Karstufe zu erklimmen, die in gut 2.900 Meter Höhe plötzlich den Blick auf einen langgezogenen See freigibt, der bis weit in den Spätsommer hinein vereiste Schneeschollen führt, die unter der Wasseroberfläche in ein geheimnisvolles Blau getaucht sind.

Wer an der Südostseite des kleinen Sees unter den Abstürzen eines weithin sichtbaren Horns rastet, genießt bei schönem Wetter einen berauschenden Blick über die vom Eis geschliffenen vielfarbigen Gneisplatten und -blöcke am Rande des Sees hinweg auf die Eisriesen im Norden. Aus dem kaum begehbaren Joch, von dem aus sich der Grat zu einem Dreitausender hinaufzieht, eröffnet sich der Blick nach Süden, von den blauen Seen tief unten bis hinüber zu den Bergen der südlichen Nachbartäler und bis weit nach Italien hinein. Der Rückweg zur Alm ist lang. Dort angekommen, wird kaum jemand nicht durstig und hungrig sein. Der Geher zieht mitunter eine ausgedehnte Jause auf der Alm den umständlichen Prozeduren des Feinmachens und Ausgehens drunten im Tal vor. Allermeist findet diese Vorliebe bei den Gästen Zustimmung und sie nehmen, für gute Kost und freundliche Betreuung durch die Wirtsleute, gern in Kauf, dass der Rückweg von zwei Stunden durch einen bereits dämmrigen Wald führen wird.

Die Spezialität des Gehers ist die Sensation des Unspektakulären. Vielleicht gehört ihm die Zukunft des Bergsteigens in einer Zeit, da die großen Gipfel überfüllt und die großen Heldentaten an den Nordwänden nicht mehr gefragt sind. Lass doch am Glocknergipfel sich die Seile verknoten, sollen die Matterhornfanatiker sich beim Einstieg am Hörnligrat gegenseitig vor Angst auf den Kopf urinieren – die Gäste des Gehers gehen eine andere Tour. Sie schnallen einen Salatkopf auf den Rucksack und eine Matratze über den Kopf, um eine Nacht in einem unscheinbaren Biwak weit hinten in einem Seitental verbringen zu können. Keine Schutzhütte, sondern eine Hütte für Hirten und Jäger, ein Stützpunkt in den endlosen Weiten des Hochtales, das sich, von der Mündung des Baches in den Fluss, weit, weit hinter den seitlichen Gipfeln bis unter den schwarzen, schwierigsten Dreieinhalbtausender der Region hinaufzieht. Etwa auf der Mitte zwischen Bachmündung und der 2.600 Meter hoch gelegenen Lenke liegt das Biwak etwas links oberhalb des Weges. Wer mit Fertigsuppen, frischem Salat, Speck, Käse und Fladenbrot, Bier und Wein ein fürstliches Mal genießen durfte, wer nach der sparsamen Abendwäsche im Dämmerschein an der Quelle zwanzig Meter unter dem Biwak leicht fröstelnd wieder in die vom Kochen gewärmte Stube kommt, um die vom Hinauftragen müden Glieder niederzulegen, wird sich des Gefühls nicht erwehren können, etwas zu besitzen, das sonst niemand besitzt und das nicht mehr abhanden kommen kann: ein Privileg, irgendwo an einem phantastischen Ort, mitten in der Natur, weit weg von der städtischen Zivilisation für ein paar Stunden einfach da zu sein, den ungewohnten Geräuschen des Baches, des Windes, der Tiere zu lauschen, die Gerüche aufzunehmen und schließlich den Traumgedanken nachzuhängen, wie es am nächsten Tag wohl gehen mag, wie es in diesem Tal im Winter aussehen mag, da sich wegen der steilen Hänge kaum jemand hineintrauen kann.

Am nächsten Morgen geht es los, lange bevor die Sonne das Hüttchen erreicht. Auf dem Weg durch die langgezogenen Wiesen in Richtung eines entlegenen Törls, später über rötlichen, vom Schmelzwasser aufgeweichten Boden hinauf auf den Bergkamm, der sich vom Törl bis zum schwarzen Berg hinaufzieht, bieten sich phantastische Blicke in die letzten Talgründe und schließlich auf die höchsten Gipfel der Umgebung. Dies mag eine der einsamsten Gegenden der Ostalpen sein. Die Wanderer begegnen, bis sie am späten Nachmittag bei der Hütte am See anlangen, nur einem Menschen. Da sind sie voll der Eindrücke, schon wenn man nur an die Farben der Gesteine denkt, vom Kalk, dem sie wiederbegegnen, über tief blauschwarzes Gestein am entlegenen Törl bis hin zu dem Rotorange jenes merkwürdigen Quarzitturms mitten im Joch. Der etwa dreißig Meter hohe Turm reizt zum Besteigen, ein Ort für Erinnerungsfotos.

Unter den wenig bekannten Bergen sind auch extreme, zum Beispiel die 3.400 Meter hohe schwarze Spitze, deren Gipfel höchstens alle zwei, drei Jahre einmal einen Besucher oder eine Besucherin empfängt. Bis man am Einstieg im hintersten Talwinkel angelangt ist, vergehen Stunden, gar nicht zu sprechen von den Schwierigkeiten, über die steile Rinne auf den ausgesetzten Grat hinaufzugelangen, wenn dieser noch Schnee und Eis führt. Andere Touren im Programm des Gehers, wie etwa die Aufwärmtour auf einen unscheinbaren Buckel überm Dorf, bieten keine technischen Schwierigkeiten. Das gilt, wie immer im Gebirge, allerdings nur bei Sonnenschein und Trockenheit. Lass einmal Schnee liegen und Kälte eintreten, dann ist der schmale Pfad, auf dem der Vorgipfel umrundet wird, nicht begehbar, und eine solche Winterbesteigung führt über den Wiesenbuckel, der in lang zurückliegenden Sommern den Kühen gehörte. „Grunscherbichl" nennen ihn die Einheimischen, weil es für Mensch und Tier so mühsam ist, dort hinzugelangen und weil allzu viel auf der kleinen, wasserarmen Weidefläche auch nicht zu holen ist.

Der Alpenvereinsführer belegt diese erste Erhebung im Grat, der über eine anspruchsvolle Spitze letztlich zu den großen Gletscherbergen führt, mit dem Etikett „alpinistisch unbedeutend". Schlimm für den Alpinismus, der so zu reden müssen glaubt. Der Bergführer weiß jedenfalls von seinen Gästen nach einer guten Stunde Weges, der sich steil an der Südostkante des Grataufschwungs hinaufwindet, ob sie seinen langsamen aber stetigen und zielsicheren Schritt aufnehmen und im Flachen oben noch gut bei Atem ankommen, um den abwechslungsreichen Gang über die Wiesenbuckel zügig mitmachen zu können. Welche Erhebung von gut 2.200 Meter in der ganzen Umgebung bietet eine derartige Rundsicht über das Tal und vor allem in die Eisgipfel im Norden? Wer hier einmal im Herbst gesessen hat und beobachtete, wie die schon tiefer stehende Sonne in die Lawinenflanken überm Steinbruch schwarze Pfeile malt, die zwischen den steilsten, rot aufflammenden Wiesenhängen vom Grat in fast dreitausend Meter Höhe bis ins Tal hinabfahren, der wird alle möglichen Eindrücke in sich bewegen, am wenigsten aber den der geringen „alpinistischen Bedeutung" des Platzes, an dem er sich gerade aufhält.

Der Geher bedient die Logik des toten Winkels. Die ist überall anzutreffen. Wo ein Lift geht und ein Wirtshaus steht, ist der Parkplatz unten voll, und man steht Schlange statt zu gehen. Fünf Kilometer daneben trifft man keinen Menschen mehr, und die Zeit scheint Jahrhunderte zurückgedreht. Dasselbe Muster der Ungleichzeitigkeit und der ungleichen Verteilung, die den Globus bedeckt, teilt die Berge ein. Es ist ein Muster, das Menschenströme und Aufmerksamkeit steuert, das über Armut und Reichtum entscheidet. In Zeiten, da aus Desinteresse oder aus Geldmangel wieder Wege verfallen und touristische Infrastrukturen „rückgebaut" werden, entstehen auf der Landkarte wieder weiße Flecken und gibt es wieder etwas zu entdecken.

Diese Verhältnisse haben längst einen virtuellen Geheimbund von Berggehern entstehen lassen, die sich nicht um die Wege scheren, oder vielmehr: die die alten

Wege wiederentdecken. Der Geher hat von seinem Gebiet eine Landkarte im Kopf und in den Beinen, die nicht gedruckt ist. Sie wird von den längst vergangenen und vergessenen Nutzungen der Landschaft bestimmt, von denen die Jungen nichts mehr wissen: alte Übergänge, wie sie Händler vor Zeiten benutzten oder Paare, die sich einander versprochen hatten, aber durch die Berge getrennt waren; Knappensteige, alte Gipfelanstiege, welche die alten Bergführer der Zwischenkriegszeit benutzten, Hirtensteige. Der moderne Tourismus hat viele dieser Wege und ebenso viele Seiten der Landschaft in Vergessenheit geraten lassen. Gipfel, alte Steige und Routen sind aus dem Bewusstsein gelöscht und fordern zur Wiederentdeckung heraus. Doch das wird immer das Geschäft Weniger bleiben.

* * *

Vom Stall standen nur noch die Firstbalken, wie dürre Arme ragten sie in die Luft. Oben standen die jungen Bergführer wie auf einem ausgesetzten Grat mit ihren Werkzeugen, um auch den letzten Rest des Stalles zu beseitigen. Ohne Nachbarschafts- und Kollegenhilfe würde im Tal kaum ein Haus gebaut werden. Der Vater war noch nicht lange tot. Solange er lebte, war nicht daran zu denken, den Stall abzureißen. Auch wenn jener mehr Arbeiter als Bauer gewesen war, wäre ihm der Abriss wie eine Amputation vorgekommen. Drei schöne Wohnungen sind daraus geworden. So hat der Geher das Vaterhaus in die Gegenwart hereingerettet.

Hohe Schule des Gehens

Mit dem Gehen ist es wie in der Philosophie, der Anfang entscheidet über das Ziel. Im Anfang ist das Ende enthalten. Wer zu einem unbekannten Ziel aufbricht, kann daher nicht wissen, wie der Anfang zu machen ist. In den ersten Schritten ballt sich, wie es einem vorkommt, der gesamte Tag zusammen. Das Frühstück ist noch spürbar, zieht den Körper noch ins Tal zurück. Werden wir das Ziel erreichen? Welche Schwierigkeiten werden sich auf dem Weg auftun? Werden unsere Kräfte, unsere Fähigkeiten hinreichen, um das Ziel zu erreichen? Welches Tempo müssen wir wählen, wie soll der Weg eingeteilt werden, damit wir gut hinkommen und auch wohlbehalten zurückgelangen? Während einem diese Gedanken durch den Kopf schießen, langt man doch bald wieder in seinem Körper an, der sich mit allen Problemen des Anfangs bemerkbar macht. Noch setzen wir jeden Schritt, der nach einer halben Stunde automatisch getan werden wird, noch drückt irgendetwas im Schuh, das bald vergessen sein wird. Noch sind wir, soweit wir vorauszuschauen suchen, ganz hier, ganz Gegenwart und noch kaum einen Schritt weiter.

Der Berggeher kennt das genau, wie manche Gäste auf den ersten paar hundert Metern von hinten drängeln, als gehe es ihnen nicht schnell genug, als wollten sie schon angekommen sein. Wer am Bergführer vorbeizieht, wird keines Blickes gewürdigt, allenfalls erwischt einen von hinten die Frage, wo man denn hin wolle. Mit Sicherheit gibt's eine Bemerkung bei der ersten Rast, wenn man keucht und schwitzt wie ein Pferd. Ab hier ist klar, dass der Gast in Schwierigkeiten geraten wird. Ihm scheint es, als würde der Bergführer immer schneller statt langsamer gehen, dabei geht dieser denselben gemächlichen, jedoch untergründig zügigen Schritt wie am Anfang. Nur man selbst ist langsamer geworden, weil man am Anfang zu schnell war.

„Man muss losgehen, als wollte man nirgendwo hingelangen." Es dauert eine Zeit, bis einem diese Devise des Gehers in Fleisch und Blut übergeht. Es ist allerdings ein unglaubliches Gefühl, wenn sich nach zwei, drei Stunden die Gewissheit einstellt, dass noch genügend Kraft vorhanden wäre, um noch einmal zwei, drei, ja, – auch fünf Stunden auf diese Weise weiterzumachen. Es ist, als sei man nicht nur körperlich, sondern auch in anderer Hinsicht weitergekommen. Gehen als Lernprozess. Das fängt ganz leise, fast unmerklich an. Du hast einmal das Glück, den Platz unmittelbar hinter dem Bergführer einzunehmen. Nach einer Weile bemerkst du, wie von seinem Schritt, von der Art die Füße zu setzen, den Stock zu benutzen, sich im Gelände zu bewegen, eine Wirkung auf dich ausgeht. Mancher spürt sogleich ein Ressentiment gegen alle Lehrer, also auch gegen diesen in sich aufsteigen. Der wird bewusst einen Gegenrhythmus nehmen, andere Tritte suchen als der Vormann. Doch damit ist es bald vorbei, wenn die ersten Stolperer unterlaufen und die Nachfolgenden unruhig werden, weil der gewählte, für jeden Meter in diesem Gelände günstigste Schritt nicht nach hinten durchgereicht und also nicht allen zum Vorteil des Kräftehaushaltes und der höheren Lust am Gehen gereichen kann.

Wer ohne Aufhebens, und der Bergführer macht von seinem Vorangehen keinerlei Aufhebens, übt es einfach aus als Selbstverständlichkeit wie das Schuheanziehen am Morgen, wer also ohne Zappeln und Sichhinundherwinden die Gehweise aufnimmt und sie weitergibt, wie die Stimme in einem Klangkörper, macht die Erfahrung, dass sie oder er derart am sichersten auf eigenen Füßen zu stehen und zu gehen kommt, die Abhängigkeit vom Führer auf jedem Schritt und Tritt sich mit der Zeit verliert. Das gilt allerdings nicht für eine neue Route oder für eine bekannte Route unter neuen Bedingungen.

„Wenn du viel Zeit hast, so gehe schnell." Die hohe Kunst besteht im Langsamgehen. Das langsame Gehen erweist sich, auf einen Tag berechnet, als das schnelle. Es ist auch nicht wirklich langsam, sondern ruhig. Geübte Berggeher versetzen den Körper in eine ruhig fließende Bewegung mit minimalem Kraftaufwand, so dass diese Art zu gehen auch noch eine Reserve für unvorhergesehene Lagen aufbaut. Vielleicht muss ein Umweg gegangen oder ein Verletzter geborgen werden. Die Kräfte bis zur Neige aufzuzehren kann im Extremfall den sicheren Tod bedeuten. Hinter der unauffälligen und wie selbstverständlich ablaufenden Bewegung steht letztlich immer der Gedanke an den Ernstfall.

Womit sich die Menschen nicht alles beschäftigen, wenn sie heute in die Berge gehen: Wie viele und welche Membranen hat ihr Anorak? Welche Kletterhaken sind die besten? Mit welcher Lotion sollte der Körper eingerieben, welche Mittel eingenommen werden, um einen optimalen Erfolg am Berg zu erreichen? Der Berggeher lächelt müde und bemerkt: Die meisten Menschen sollten zuerst einmal gehen lernen. Was er damit meint, zeigt ein aufmerksamer Blick auf Menschen, die sich bergauf bewegen. Da sind die einen, die ihre Füße nach vorn schleudern, um den Körper mit Kraftanstrengung nachzuziehen, statt einfach auf die Schwerkraft zu vertrauen und sich nach vorn fallen zu lassen und im richtigen Augenblick die Beine nacheinander vorn auf den Boden zu setzen. Unglaublich, wie viel Kraft das auf tausend Höhenmeter spart!

Andere führen mit dem Oberkörper, mit den Armen die abenteuerlichsten ruckartigen Bewegungen aus und vergeuden bei jedem Schritt Energie. Vielfach hängt die Bewegungsweise am Berg damit zusammen, dass den Menschen das Gehen am Berg als Beschäftigung nicht genügt und sie den Büroalltag der gesamten Woche noch einmal durchsprechen müssen oder ihre Erbschaftsprobleme und die letzten Prozessausgänge durchhecheln. Aufmerksamkeit und Kraft gehen ins Reden, man muss sich ständig umdrehen, um die Begleiter von seinen Ansichten zu überzeugen, der Weg, die Blumen, die Steine, die Tiere bleiben unbeachtet. Manch Stolperer stellt sich ein, weil die Augen mehr nach innen und in die Vergangenheit gerichtet sind als auf die gegenwärtige Umgebung.

Beim Gehen sind beileibe nicht nur die Füße beteiligt, auch nicht nur die Beine. Der Kopf soll nicht die ganze Zeit lang gesenkt sein, wie umgekehrt ein Hans-Guck-in-die-Luft leicht zu Fall kommt. Letztlich entscheidet die unsichtbare ruhige Linie, auf welcher der Körperschwerpunkt seinen Weg beschreibt. Die Atmung spielt eine entscheidende Rolle. Wer zu spät auf eine tiefe Atmung umstellt – und das heißt in erster Linie: gut ausatmen! –, bekommt in der Höhe Probleme. Das Berggehen ist etwas anderes als die Bewegung im Flachland. Der Unterschied macht sich besonders in steilem Gelände geltend. Wird derselbe ruhige und gleichmäßige Rhythmus auch beibehalten, so werden die Schritte entsprechend kürzer, damit der Kraftverbrauch nicht unverhältnismäßig wächst. Hier haben Ungeübte die größten Schwierigkeiten, weil sie im Steilhang das Gleichgewicht nicht halten können und sich wie auf einem stehenden Fahrrad vorkommen und umzukippen drohen. Also beschleunigen sie den Schritt und geraten bald außer Atem.

Da hängt der Erfolg davon ab, wie die Füße gesetzt werden. Wer einfach weiter die Füße geradeaus nach vorn setzt, verkrampft leicht im Spann und zwingt sich, wie extreme Eiskletterer, das ganze Körpergewicht nur noch mit den Zehen zu halten. Den Fuß ein wenig schräg aufgesetzt, geht es sich sofort leichter, und der Stand kann, bis hin zum Seitwärtsgehen, flexibel dem Gelände angepasst werden. Ganz anders verhält es sich in steilem Schotter und Geröll. Hier wird ein eigenes Kapitel der Wissenschaft vom Gehen aufgeschlagen. Es erfordert lange Übung, um das Gefühl dafür zu bekommen, wie das ständige Zurückrutschen und das anstrengende Ausgleichen des Tritts vermieden werden kann. Nur wer gelernt hat, hier den Fuß mit der ganzen Sohle aufzusetzen und dabei den nachgebenden Grund gleichsam mit dem Fuß und dem Körpergewicht an den Berg zu drücken und auf diese Weise das Nachrutschen zu verhindern, kann auch in diesem schwereren Gelände stundenlang ohne großen Mehraufwand an Energie gehen. Was für eine Lust, mit schweren Bergschuhen auf dem Rückweg es in feinem Geröll einfach laufen zu lassen und wie auf einem Schneefeld abwärts zu rauschen!

Solche jugendlich-übermütigen Aktionen unterlässt der Geher heute. Gewiss, als junger Mann ist er, wie die anderen auch, vielfach den Berg hinabgerannt. Das war die Zeit, in der man noch nicht an die Knochen dachte, sondern sie einfach benutzte. Heute, nach zwei schweren Hüftoperationen und mit maroden Lendenwirbeln, denkt der Berggeher anders über die Eile am Berg. Wie andere Einheimische kennt er Arten des Gehens, die mit der touristischen Benutzung des Körpers nur indirekt zu tun haben. Wer über Jahre Saison für Saison als junger Mensch fünfzig, sechzig und mehr Kilogramm auf dem eigenen Rücken über tausend und mehr Höhenmeter zu den Schutzhütten hinaufgetragen hat, damit auch dort oben Bier und Wein fließen, der weiß im Alter, woher die Schmerzen in den Gliedern kommen.

Sich mit einer Last, die mitunter mehr als das eigene Körpergewicht wiegt, Hänge hinaufzuarbeiten, die den Touristen schon mit leichtem Tagesrucksack den Schweiß ins Gesicht treiben, bedeutet noch einmal eine ganz eigene Art des Gehens im Gebirge. Das ist gleichsam der Ernstfall des Berggehens, wo sich in extremer Form alle Probleme und alle überlebensnotwendigen Kunstgriffe verdichten. Schon die Gerätschaften, die für den eigenen Körper angemessene Kopfkraxe, fordern Respekt und Bewunderung ab in ihrer genialen Einfachheit und universellen Anwendbarkeit. Können wir uns noch in eine Zeit gedanklich hineinversetzen, da der Geher einen großen Küchentisch für die Küche der ältesten Hütte der Ostalpen auf der Kraxe festschnallte, um ihn die siebenhundert Höhenmeter über einen schmalen Steig hinaufzutragen? Der scharfe Wind warf ihn auf dem schmalen Steig mehrfach um, er rappelte sich wieder auf, richtete das Gestell auf dem Rücken, um endlich oben anzulangen. Für die damals gezahlten Löhne würde heute keiner einen Finger krümmen.

Eine Gerätschaft musste beim Tragen mit: die Alpenstange, oder der Alpenstock, wie er auch genannt wird. Als der Geher einmal in den französischen Hochalpen unterwegs war, begegneten ihm einheimische Bergsteiger, die untereinander redeten und meinten: „Ah, voila, c'est l'Alpenstock – mais comment il s'appelle en allemand?" – Auch heute schauen sich die Leute um, wenn jemand mit diesem scheinbar altmodischen Gerät die Berge durchstreift. Der Geher hat in seinem Leben wohl eine zweistellige Anzahl von Bergstöcken verbraucht. Immer wieder passiert es, dass nach zwanzig-, dreißigtausend Höhenmetern, nach vielfacher Berührung des Holzes mit Schnee und Eis, mit Steinen und mit